Gurke und die Unendlichkeit

Oskar Kroon, geboren 1980, arbeitete früher als Journalist, bevor er sich zum Bäcker umschulen ließ. Heute backt er nur noch ab und zu, wenn neben dem Schreiben und der Familie noch Zeit dafür ist. *Gurke und die Unendlichkeit* ist sein Debüt als Kinderbuchautor, für *Warten auf Wind* erhielt er 2019 den Augustpreis, den renommiertesten Kinder- und Jugendbuchpreis Schwedens.

Friederike Ablang wurde 1977 in Berlin geboren und studierte in Großbritannien und Deutschland Fotografie und Gestaltung. An der Kunsthochschule Berlin Weißensee machte sie 2014 ihr Diplom und arbeitet seitdem als freie Illustratorin.

Oskar Kroon

Gurke und
die Unendlichkeit

Mit Illustrationen von Friederike Ablang

Aus dem Schwedischen
von Stefan Pluschkat

THIENEMANN

Für Nils, Barbro und Ingeborg
O.K.

Am Anfang war alles so gut, aber das konnte man da noch nicht wissen. Es war einfach, wie es war.

Die Zeit verging, und die Sterne klebten an ihren Plätzen.

Im Frühling kamen die Mauersegler; ich lag neben Papa auf der Brücke und sah, wie sie uns Nachrichten in die Luft schrieben.

Das All wurde immer größer, und der Weltuntergang war weit weg.

Mama war meistens bei der Arbeit, und wenn sie nach Hause kam, erzählte sie von Schwarzen Löchern.

Papa kaufte Bio und vor allem vegetarisch ein, und die Zahnärzte guckten einem ganz tief in den Mund und waren zufrieden. Eigentlich ging es allen gut.

Die Staubsauger wurden immer besser. Sogar die Toaster entwickelten sich weiter.

Das Detektivbüro war bei Hedvig unterm Hochbett, und abends gab's Nudeln mit Tomatensoße. Mal wieder.

Jahreszeiten kamen und gingen, das Wetter war wechselnd bewölkt.

Im Radio erzählten sie viel und fast nur von Katastrophen, aber von denen merkte ich nichts.

Alles war gut so.

Bis alles anders wurde.

Es fing mit dem Husten an. Erst ein bisschen, dann immer schlimmer. Mama musste aufs Wohnzimmersofa umziehen, weil neben einem Papa, der so Krach macht, kann ja niemand schlafen.

Wer so schlimm hustet, muss zum Arzt und sich untersuchen lassen, meinte sie. Aber Papa meinte, das sei bloß eine normale Erkältung. Vielleicht ein bisschen stärker und hartnäckiger, aber eigentlich überhaupt nicht der Rede wert. Das würde schon vorbeigehen.

Aber er störte, wenn wir fernsahen.

Und wenn wir rausgingen, war es so peinlich.

Die Leute drehten sich nach uns um und glotzten, und die anderen Papas machten einen weiten Bogen um uns. Wenn Papa so durch den Park rumpelte, ergriffen die Kaninchen, Eichhörnchen und Rehe die Flucht. Aber ich hielt Papa fest an der Hand.

Abends trank er ein großes Glas von dem gelben Hustensaft aus dem Fach über dem Kühlschrank. Er gab einen Eiswürfel rein, nahm einen Schluck, schloss die Augen und seufzte tief. Als ob der Saft wirklich half und gesund machte.

Mama schüttelte bloß den Kopf.

Wenn sie überhaupt zu Hause war.

„Muss das Wetter sein", sagte ich. „Die Kälte ist gefährlich. Man wird krank davon."

Ich schlug vor, wir sollten es wie die Vögel machen und im Herbst in den Süden aufbrechen. Dort könnten wir dann am Strand sitzen und abends grillen. Die Füße in den warmen Sand graben und frische Früchte direkt von den Bäumen pflücken. Wir könnten unter den Sternen schlafen und in endlosen Ozeanen schwimmen. Die Wale beobachten, wie sie sacht den Rücken aus dem Wasser hoben und Luft holten. Wir könnten es dort so schön haben!

Aber Mama und Papa meinten, das ginge nicht. Wegen der Schule, der Arbeit, der Nachbarn und überhaupt. Außerdem könnten wir uns so ein Leben nicht leisten.

„Aber die Früchte sind völlig umsonst", versuchte ich es nochmal. „Und es gibt diese Last-Minute-Reisen. Zum Superpreis. Sigge war im Herbst zwei Wochen in Kap Värmdö. Und Omid fährt jeden Winter nach Örkelljunga."

Da schüttelten die zwei nur den Kopf.

„Örkelljunga liegt in Schonen", flüsterte Papa. „Ein grässliches Loch. Kalt und hässlich."

„Aber nicht so schlimm wie Sveg", sagte Mama.

Sveg, ja – da lebt Oma, Papas Mama.

Jedenfalls, Omid gab immer mit seinen Ferien in Örkelljunga an. Aber die Diskussion war offenbar schon beendet. Es würde keine Reise in den Süden geben. Wir würden den ganzen Winter lang zu Hause frieren, schniefen und husten.

Außerdem liebt Papa Schweden. Wegen der Natur, sagt er. Wegen der Wälder, Berge, Felder und Wiesen. Das alles gäbe ihm so ein Gefühl von Zuhause.

Auch jetzt sagte er das: „Niemals könnte ich von hier wegziehen. Ich brauche den Wald zum Leben", sagte er verträumt. Bestimmt hörte er im Kopf zwitschernde Vögel und rauschende Bäche.

„Aber du bist doch nie im Wald!", sagte Mama und knuffte mich in die Seite. Ich sollte wohl mitmachen.

„Hä? Habt ihr etwa schon vergessen, wie wir den Wolfsweg gewandert sind? Den Rätselpfad hast du ganz allein geschafft, Gurke."

Er guckte mich stolz an.

„Das ist drei Jahre her, mindestens", sagte Mama lachend. Sie wollte ihn ärgern, glaub ich.

„Na schön. Aber wisst ihr noch, wie wir im Herbst diesen Pilz gefunden haben?"

„Oh jaaa, den wir dann nicht mitnehmen wollten, weil wir nicht wussten, ob er giftig war. An den erinnern wir uns", sagte Mama.

Ich konnte mich auch an den Pilz erinnern. Braun, schleimig und unheimlich.

„Außerdem war das gleich hinterm Parkplatz. Von wilder Natur kann man da wohl kaum sprechen."

Mama kriegte sich gar nicht mehr ein vor Lachen.

Da stand Papa vom Tisch auf, legte sich aufs Sofa und bekam plötzlich einen schlimmen Hustenanfall.

Das Geräusch war wie Messerstiche.

Mama seufzte nur.

Später lief im Fernsehen ein Naturfilm. Darin kamen Leoparden vor und Rennmäuse und Warzenschweine. Sie streiften einfach so durch die Savanne und lebten.

Wir wohnten da, wo wir schon immer gewohnt hatten. In einem länglichen Haus. Auf der Rückseite gab es einen großen Hof mit Tannen, Schaukeln und Klettergerüsten. Mit Tischen, Grills, einem Sandkasten und allem, was man so braucht. Überall lagen Scooter herum, ein bisschen wie Streusel. Und Skateboards, Bälle und Hockeytore ... Papa ging manchmal raus und sammelte Müll auf: Eispapier, Feuchttücher und Bierdosen. Dann fluchte er über die Nachbarn aus der Nummer 36, die hätten kein Benehmen, meinte er.

Oben in unserer Wohnung konnte ich im Fenster sitzen und von dort aus die Welt beobachten. Ich sah unseren Hof, aber auch den Wald dahinter und noch ein Stück weiter weg die Stadt. Auf der anderen Seite vom See ragte das Krankenhaus auf wie eine Ritterburg.

Vor dem Haus verlief die Straße zum großen
Platz. Ständig war das Tosen von Lastwagen und
Bussen zu hören. Papa jammerte oft darüber.

„Von dem Lärm kriege ich Tinnitus, und Gurke bekommt von den Abgasen Asthma", sagte er einmal zu Mama, als wir mit den anderen im Hof grillten.

Am liebsten wollte Papa aufs Land ziehen und Schafe hüten. Er sprach auch von Hühnern und Bio-Gemüse.

„Das ist eine Zukunftsbranche!", rief er so laut über den Hof, dass alle ihn hören konnten.

Aber Mama unterhielt sich gerade mit Egons Papa, offenbar über wichtigere Sachen, und hatte keine Zeit für Papa. Sie schaute nicht mal in seine Richtung.

Alle Erwachsenen kümmerten sich um sich selbst.

Auf der anderen Seite vom großen Platz wohnten Issa und Hedvig, und gleich dahinter lag die Schule.

Und unterhalb von unserem Haus war also der Wald. Die Bäume standen einfach da und wuchsen in die Höhe, zwischen uns und dem See. Ich verstand nie so richtig, warum, weil im Wald nie jemand zu sehen war, aber die Bäume wuchsen und raschelten, und es gab Vögel, Tannenzapfen und Blaubeeren. Das heißt, manchmal stieß man doch auf Menschenspuren, auf Laubhütten, Plastiktüten und Socken, bestimmt Relikte unserer Ahnen, die dort gelebt hatten, bevor unser Haus, der Supermarkt und Spielplätze gebaut wurden. Lange bevor die ersten Busse fuhren.

Papa meinte, der Wald sei Jahrtausende alt. Dass es ihn vielleicht schon seit dem Aussterben der Dinosaurier gäbe.

Papa war Mitglied in einem Verein, der verhindern wollte, dass im Wald neue Häuser gebaut wurden.

„Aber es müssen doch neue Häuser gebaut werden", sagte Mama, wenn Papa sich wieder über geplante Hochhäuser und Kindergärten beschwerte. In der Stadt auf der anderen Seeseite herrschte offenbar Platzmangel.

„Aber doch nicht hier", schimpfte er und riss die Maklerschilder aus dem Boden, die überall auf der Wiese rumstanden.

„Willkommen zu Hause", sagte er zu dem lächelnden Makler auf einem der Schilder und stopfte es in die nächste Mülltonne.

Ohne einen Gedanken an Metall- und Papierrecycling zu verschwenden.

Ich schämte mich für ihn.

Außerdem schnaubte Papa immer, wenn wir am großen Platz vorbeikamen, wo ein Felsblock gesprengt wurde, um für neue Häuser Platz zu schaffen. Früher waren wir immer raufgeklettert, weil man von ganz oben so eine fantastische Aussicht hatte – bis rüber zur Zahnklinik.

„Weißt du, wie lange es diesen Felsblock schon gibt?", fragte Papa, als wir daran vorbeigingen. Er klang wütend.

„Nein", sagte ich, weil ich keine Ahnung hatte. „Aber das Universum ist fast vierzehn Milliarden Jahre alt."

Da wandte Papa den Blick ab und tat so, als würde er einem anderen Papa Hallo sagen. Obwohl da niemand war.

Danach gingen wir in die Konditorei, glaub ich.

Über meinem Bett, an der Zimmerdecke, war das ganze Universum.

Na ja, vielleicht nicht das ganze, weil das ja unendlich ist, aber da oben klebten Sterne, die leuchteten, sobald ich das Licht ausmachte.

Abends lagen wir darunter, Papa und ich.

Fast jeden Abend lag er neben mir unter den Sternen.

Mama saß in der Zeit oft mit ihrer DOKTORARBEIT im Wohnzimmersessel. Sie hatte ihre Brille auf die Stirn geschoben und hielt einen dicken rosa Stift in der Hand, murmelte leise vor sich hin und wollte auf gar keinen Fall gestört werden. Wenn Papa mal wieder einen Hustenanfall bekam, stieß sie einen Seufzer aus, kräuselte die Nase und zog die Augenbrauen zusammen.

Um den Sessel herum lagen unzählige Zettel verstreut, und ab und zu machte Mama sich mit dem Stift Notizen in klitzekleiner Schrift.

Auf der ganzen Welt gab es nichts Wichtigeres als die DOKTORARBEIT. Sie war ungefähr tausendmal wichtiger als Papas Arbeit im Elektroladen. Manchmal meckerte Papa, er habe die Nase voll von der dummen DOKTORARBEIT, aber Mama hörte sowieso nicht hin und las weiter.

Bald, wenn sie mit der Arbeit fertig war, hätte sie mehr Zeit, sagte sie. Vielleicht sogar so viel Zeit, dass wir es schnell leid wären, sie immer zu Hause zu haben.

„Ja, das wär natürlich zu viel des Guten", sagte Papa, aber ich konnte es kaum noch erwarten.

Wenn Mama mit ihrer DOKTORARBEIT fertig war, würde sie Weltraumdoktorin sein. Aber das hieß nicht, dass das Weltall krank war und jemanden brauchte, der ihm mit einer winzigen Lampe in die Ohren leuchtete und meinte, es solle „Aaah" sagen. Sondern nur, dass Mama dann fast alles über das All wusste.

Papa wusste jede Menge über Staubsauger und Toaster und andere Elektrogeräte.

„Dann bin ich wohl Elektrodoktor", sagte er.

Aber da meinte Mama, das sei absolut nicht zu vergleichen.

Und ich fügte hinzu: „Das Weltall ist wirklich ein bisschen mehr beeindruckend und unendlich als ein Kühlschrank."

Da schaltete Papa den Fernseher ein und lernte alles über das Faulsein von Faultieren.

„Faszinierende Wesen", rief er vom Sofa. „Komm, Gurke, guck mit!"

Aber ich hatte wohl Wichtigeres zu tun.

Später an dem Abend, unter den Sternen, las Papa mir aus den Mumins vor, und danach sprach er wie Tofsla und Vifsla.

„Gute Nachtsla, geliebselte Gurksla."

„Schlaf gutsla."

„Darf ich deinsla Nasla küsseln?"

„Okaysla."

Als er das Licht löschte, fingen die Sterne an zu funkeln.

Da erzählte ich Papa vom All und vom Sternenhimmel. Von der Unendlichkeit.

„Wusstest du", sagte ich, „dass viele Sterne, die wir am Himmel sehen, schon lange erloschen sind? Die Dunkelheit hat es nur noch nicht bis zur Erde geschafft. Das Licht, das wir dort oben sehen, könnte uralt sein."

„Ich weiß", flüsterte Papa.

„Und wusstest du, dass man durch das Licht Entfernungen im Weltall berechnen kann?"

„Mmmmmm", machte er nur.

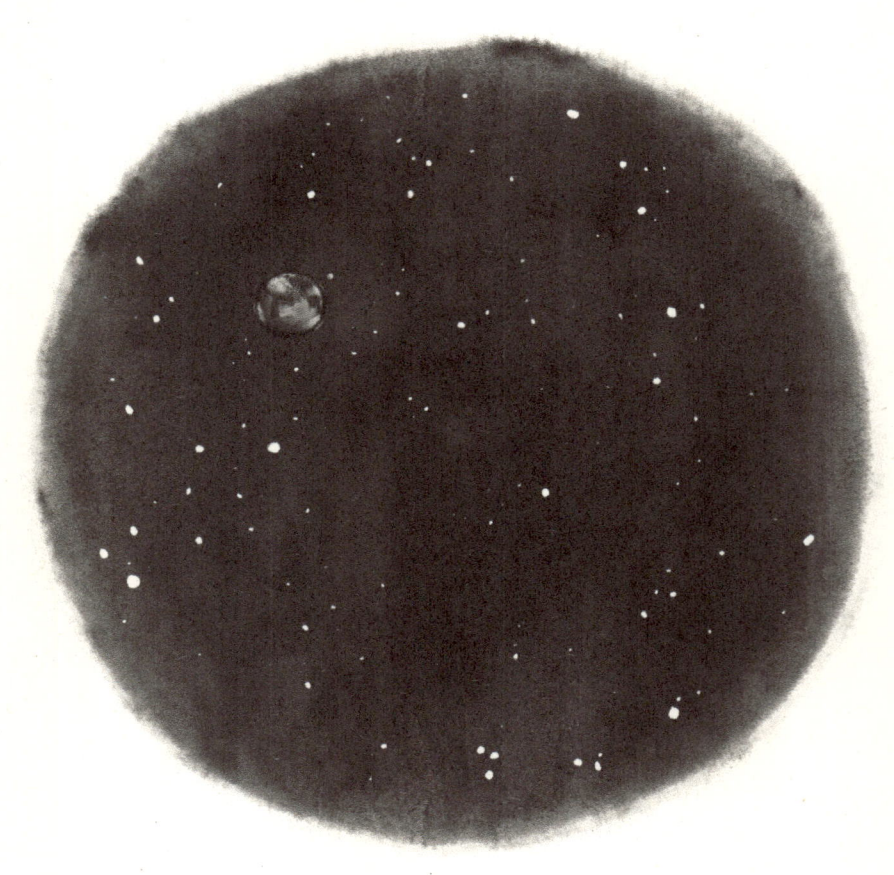

„Und dass das All unendlich ist? Dass es kein
Ende gibt? Dass es einfach immer weiter geht?
Kannst du dir das vorstellen?"

Da fasste Papa sich an den Bauch und bat mich
aufzuhören.

SEPIA

UND DAS ERWACHEN DER TINTENMAGIE

„Jedes Buch ist auch immer eine ganz eigene
Welt für sich. Manche öffnen sich dir,
andere bleiben dir verschlossen.
Aber sie bleiben immer Welten.
Welten, die wir durch unsere
Vorstellungskraft besuchen können.“

Entdecke die magische Welt von Flohall
und tauche in das Abenteuer von Sepia
und ihren Freunden ein!

ZUM GROSSEN GEWINNSPIEL

ISBN 978-3-522-18658-2

„Sepia und das Erwachen der Tintenmagie“ von T. Bell · Motiv: E. Schoffmann-Davidov © Thienemann in der Thienemann-Esslinger Verlag GmbH, Stuttgart

„Vor lauter Unendlichkeit wird mir ganz flau", sagte er.

„Wann geht die Welt unter?", fragte ich. „Weil ... sie geht doch irgendwann unter, oder?"

Da stand er auf.

„Jedenfalls nicht heute Nacht", sagte er. „Schlaf jetzt, Gurke."

Dann ging er hinaus.

Ich hörte, wie er im Flur hustete. Und wie Mama in ihrem Sessel vor sich hin murmelte. Ich flüsterte der Ewigkeit Gute Nacht zu. Ich flüsterte der Unendlichkeit Gute Nacht zu.

Gute Nachtsla Unendlichkeitsla.

Wir Menschen werden die Unendlichkeit nie verstehen. Sogar Mama sagte das manchmal.

„Trotzdem müssen wir es versuchen."

Also versuchte ich es ...

An einem Abend fragte ich Mama nach der Sache mit dem Weltuntergang, als sie nach Hause kam.

Papa hatte Falafel gemacht, und ich hatte geholfen, den Teig zu verrühren. Mit Bio-Kichererbsen und Petersilie aus dem Blumentopf in der Küche.

„Gut für die Umwelt", hatte Papa gesagt, und trotzdem warf er die Milchtüte später mal wieder in den Restmüll.

„Eines Tages wird die Welt untergehen", sagte Mama und schaufelte sich ein paar Löffel Auberginencreme auf den Teller. „Aber wahrscheinlich wird das noch eine Weile dauern."

In etwa fünf Milliarden Jahren wird die Sonne anschwellen, erzählte sie. Die Meere werden kochen, und alles Leben auf der Erde wird gegrillt werden wie im Frühling die Würstchen bei uns im Hof.

Papa guckte ängstlich und versuchte, das Thema zu wechseln.

„Heute hab ich drei Staubsauger-Roboter verkauft, das allerneueste Modell, sauteuer die Dinger", sagte er, aber wir hörten nicht hin.

„Wahrscheinlich?", fragte ich und sah Mama direkt in die Augen. „Wahrscheinlich wird das noch eine Weile dauern?"

„Na ja. Es könnte auch früher passieren, aber das ist ziemlich unwahrsch–"

„Phänomenale Saugleistung", sagte Papa, aber ihm hörte ja niemand zu.

Dann erzählte Mama weiter, dass möglicherweise ein Komet oder ein Asteroid die Erde treffen könnte, und dann würde alles Leben auf unserem Planeten ausgelöscht.

„Oder es entsteht eine Hypernova, die die Ozonschicht zerstört, sodass wir nicht mehr auf der Erde leben können. Aber wahrscheinlich sind die Menschen bis dahin sowieso längst ausgestorben."

„Phänomenale Saugleistung ...", murmelte Papa und lud sich mehr Falafel auf den Teller.

Ich bekam kaum einen Bissen runter.

Ausgestorben? Und was war mit den Elchen? Den Ameisen? Den Pflanzen? Mit Hedvig?

Vor dem Fenster rieselten dicke Schneeflocken vom großen schwarzen Himmel und legten sich über den Hof, als wollten sie dort unten schlafen. Mir lief ein Schauer über den Rücken.

„Aber eins musst du wissen", sagte Mama. „Wenn die Erde verschwindet, ist das nur ein Wimpernschlag in der Geschichte des Universums. Völlig unbedeutend, mit Blick aufs große Ganze. Da draußen gibt es so viel mehr, was –"

„Es gibt ja wohl Wichtigeres im Leben als den verdammten Weltuntergang", brüllte Papa plötzlich.

Das Universum, die Unendlichkeit und der ganze Kram jagen ihm Angst ein, sagt er immer. Ihm wird übel davon, übel bis ins Mark.

An dem Abend sagte er das auch.

Manchmal frage ich mich, wie Mama und Papa sich damals überhaupt gefunden hatten. Weil es sich anfühlt, als ob sie von verschiedenen Planeten stammten. Aber dann fällt mir ein, dass sie sich in Papas Elektroladen begegnet sind, als Mama dort einen neuen Toaster kaufen wollte. Papa liebt es zu erzählen, wie er Mama mit seinem unendlichen Wissen über Haushaltsgeräte verzaubert hat. Und Mama liebt es zu erzählen, dass der Toaster nur ein halbes Jahr später kaputtging.

Nicht sehr viel Zeit, mit Blick aufs große Ganze.

Jedenfalls, Papa verkaufte Telefone und Geschirrspüler. Er ging in einem Elektrogeschäft herum und beeindruckte die Kunden mit seinem grenzenlosen Wissen über Computerakkus und Kühlschränke mit No-Frost-Funktion. Dabei trug er einen Anzug und sein strahlendstes Lächeln. Außerdem hatte er ein Namensschild und eine Tupperdose mit seinem Mittagessen.

Mama sagte manchmal, er sollte lieber etwas anderes machen, etwas Sinnvolleres.

„Haushaltsgeräte sind die Zukunft", antwortete er dann. „Euer ach so wichtiges Weltall hat's schon immer gegeben, aber Haushaltsgeräte sind neu. Warte nur ab, was da alles noch kommt."

„Ich warte", sagte Mama aus dem Sessel und kämpfte sich weiter durch ihre Papierberge.

„Außerdem liebe ich meine Arbeit", sagte Papa.

Mir fiel es manchmal schwer, ihm das zu glauben. Weil er nie am Geschirrspüler rumschraubte oder das Tablet aktualisierte. Unser Fernseher war nur halb so groß wie der von Hedwig und nur ein Drittel so groß wie der von Oma. Aus der Kaffeemaschine schwappte ständig Wasser. Und fast jeden Tag war es Papa, der mich zur Schule brachte. Er war nie in Eile und holte mich auch fast immer ab. Manchmal kam es mir so vor, als würde er überhaupt nicht zur Arbeit gehen.

„Es gibt ja wohl Wichtigeres im Leben als Arbeit", sagte er dann.

Oft redete er davon, was er alles lieber machen würde. Wenn wir uns Naturfilme ansahen, wollte er zum Beispiel Ranger in einem Wildreservat in Afrika werden.

„Stell dir vor, man dürfte so einen Hut tragen und Wilderer mit dem Gewehr erschrecken."

Wenn wir zu Oma nach Sveg fuhren, zeigte er unterwegs immer auf schöne Höfe oder Felder, Schafe oder Holzstapel und sagte: „So sollte man leben." Dann wollte er Bauer werden. Oder Förster. Oder Tischler.

Mama saß am Steuer und summte irgendein altes
Lied im Radio mit. Wenn sie Papa so reden hörte,
lachte sie nur und sang weiter:

Sag, ist's seltsam, wenn ich mich wegträum …

Außerdem behauptete Papa oft, er sei Abenteurer.

Er erzählte dann von Reisen, die er gemacht hatte
oder noch machen würde.

Er war schon in allen Meeren geschwommen und
auf hohe Berge geklettert. Vielleicht nicht auf die
allerhöchsten, aber in jedem Fall auf Berge. Er hatte vom Aussterben bedrohte Tierarten gesehen und
war bei schweren Unwettern segeln gewesen. Vielleicht nicht bei den allerschwersten, aber in jedem
Fall bei Gewitter. Und in ganz Sveg hatte noch nie
jemand einen größeren Hecht geangelt als er.

„Groß genug, um als riesig durchzugehen", sagte
er.

Ich verstand, was er meinte.

„Ein hochinteressanter Fall, Herr Meisterdetek-
tiv", sagte ich.

Mama schaute von der DOKTORARBEIT auf und
meinte, ein Fluss wie der Ljusnan ginge wohl kaum

als gefährliches Gewässer durch. Und was für ein Riesenglück es doch sei, dass es die Seenotrettung gab.

„Er schnackt nur", sagte sie und lächelte mir zu.

Da verstummte Papa, obwohl ich doch so gern mehr hören wollte.

Abends, wenn er die Küche aufgeräumt hatte, lag Papa meistens auf dem Sofa und schaute Naturfilme oder Angelsendungen. Er wollte, dass ich mich zu ihm setzte, und dann zeigte er auf den Fernseher, fuchtelte mit den Händen und rief:

„Guck mal, Gurke, eine Schnee-Eule! So eine hab ich mal beim Wandern in den Bergen gesehen. Ein fantastischer Vogel."

Im Fernsehen sagten sie allerdings, die Art sei so selten, dass nur äußerst wenige Menschen das Glück gehabt hätten, eine Schnee-Eule zu sehen.

„Wie auch immer, da ist jedenfalls was Weißes vorbeigeflattert ...", sagte er und konzentrierte sich dann auf die nächsten Tierarten.

„Guck mal, Gurke, ein, ein, ein ... was ist das?"

„Ein Lemming", sagte ich. Lemminge kennt doch jedes Kind.

Dann sagte Papa, wir sollten im Sommer in die Berge fahren. Wir könnten neue Arten entdecken und das wahre Leben leben. Wir könnten zelten, wandern und uns das Nordlicht anschauen. Uns von dem ernähren, was die Natur uns gab: Beeren, Wurzeln, Nagetierchen … Er umarmte mich auf seine Papa-Art, ein kleines bisschen zu fest.

Mama rief aus ihrem Lesesessel, dass Schnee-Eulen da, wo wir lebten, wohl eher selten seien.

„Außerdem dürfte es in einem Wildpark ziemlich verboten sein, Eichhörnchen und Wühlmäuse zu essen."

„Besserwisserin", sagte Papa, aber Mama lächelte nur.

Es war Papa, der die Küche aufräumte.

Der den Badezimmerspiegel sauber wischte.

Der meinen Turnbeutel vergaß.

Der Essen kochte und mir neue Handschuhe kaufte.

Der vergaß, Klopapier zu kaufen.

„Es gibt ja wohl Wichtigeres im Leben als Klopapier", sagte er.

Aber ohne Klopapier ist es auch irgendwie blöd.

Seine Haare standen immer wild in alle Richtungen ab, und seine Wangen waren ein bisschen pieksig. Manchmal tanzte er und meinte, es würde gut aussehen, dabei bewegte er sich in Wahrheit wie ein Roboter. Vielleicht muss man so tanzen, wenn man im Elektroladen arbeitet.

Es war Papa, der meine Klamotten wusch und die Uhr im Blick behalten musste.

„Es gibt ja wohl Wichtigeres im Leben als die Uhr", sagte er, als meine Lehrerin Ranya uns ermahnte, morgens pünktlicher zu sein.

Aber es gibt fast nichts im Leben, was wichtiger ist als er.

Als mein Papa.

Es war Winter. Die Kälte schnitt in die Haut wie Messer, und ich saß meistens drinnen und schaute raus. Die anderen fuhren im Hof Schlitten und bauten Burgen. Die Schneemänner froren ohne Schals. Dafür waren die Mamas und Papas dort unten angezogen, als wollten sie mit einem Fischkutter aufs Eismeer rausfahren – obwohl sie nur mit ihren Thermoskannen rumstanden und bibberten.

„Willst du nicht raus und mitspielen?", fragte Papa, dabei wusste er es eigentlich besser.

Ich hatte nicht mal Lust, ihm zu antworten. Hörte er denn nicht das Geschrei? Sah er nicht das Eis?

Dann schlug er vor, wir könnten etwas machen. Lego bauen, Landkarten zeichnen, etwas spielen …

Ich schüttelte bloß den Kopf.

„Wir könnten auch in den Mumins weiterlesen? Als wir gestern aufgehört haben, wurde es gerade so spannend."

Aber ich wollte einfach nur rumsitzen und nicht draußen sein.

Außerdem hustete Papa so schlimm, dass die Legosteine durch die Luft flogen und Schnodder abbekamen. Und beim Vorlesen verstand ich ihn so schlecht, weil er vor lauter Hustenanfällen kaum ein Wort herausbekam.

Jeden Tag dauerte es noch ewig, bis Mama nach Hause kam, und Papa stand meistens in der Küche und kochte. Der Husten polterte dann durch die ganze Wohnung, bis in mein Zimmer.

War Papas Essen überhaupt noch genießbar?

Manchmal schaute im Hof jemand zu meinem Fenster hoch. Irgendwer blieb stehen und winkte, ich sollte runterkommen. Da schüttelte ich nur langsam den Kopf und hob den Blick zum Himmel.

In den grauen Wolken dort oben war so ein Knistern. Die Schneeflocken rieselten leise zu Boden.

Da sah ich sie plötzlich, die silberne Riesenkugel … sie wurde immer größer … kam immer näher …

Blitzschnell raste sie auf die Erde zu. Jetzt würden sie was zu sehen bekommen, die Eltern mit ihren wasserdichten Jacken und für Polarexpeditionen angefertigten Schneeboots!

Ich zählte die Sekunden bis zum Weltuntergang: eins … zwei … drei … vier …

„Guuuuurrrkeeeeee!"

Als Papa mich rief, war alles wie immer.

Immer war alles wie immer.

Die Erde drehte sich weiter. Runde um Runde. Um sich selbst und um die Sonne. Noch immer rieselten Schneeflocken.

Kinder spielten, Eltern bibberten.

Der Himmel war leer und grau, und alles war wie immer.

Auch diesmal würde die Welt nicht untergehen.

Dafür wurde Papas Husten jeden Tag schlimmer.

Auf einmal war er zu schwach, allein den Tisch zu decken.

Morgens brachte Papa mich zur Schule. Den ganzen Weg hustete er und hielt mich an der Hand. Es war dunkel wie am Rand des Weltalls und die Schule ein schwarzes Loch.

In den Pausen wollte ich nicht raus, aber wir

mussten. Ich sagte, von der Kälte bekäme ich Ausschlag und rissige Lippen. Ich hätte ein Attest vom Hals-Nasen-Ohren-Arzt. Mein Hals würde anfangen zu kratzen, meine Finger würden kribbeln. Ich könnte den Winter nicht vertragen, ich hätte eine Winterallergie.

„Man muss sich nur richtig anziehen", sagte Ranya und lachte, als hätte ich einen Witz gemacht.

Außerdem war ich so dick eingepackt, dass ich mich kaum bewegen konnte. Nur meine Augen guckten noch raus.

Die meisten Lehrer blieben drinnen, wo sie lachten und Kaffee tranken. Ich sah sie durchs Fenster, bestimmt war es da drinnen schön warm. Sie hatten Kerzen und riesige Kaffeekannen. Bestimmt redeten sie übers Wochenende, darüber, was sie gemacht hatten oder machen würden. Den Lehrern ging es immer ganz wunderbar.

Die Kinder rannten schreiend über den Schulhof.

Bei uns zu Hause konnte ich im Fenster sitzen und genießen, nicht draußen zu sein. Wenn ich die Eltern unten im Hof sah, fühlte sich jeder Tag wie der letzte vor dem Ende der Welt an: Sie guckten so fürchterlich leidend!

Trotzdem kam jeden Tag ein neuer Morgen mit nackten Füßen auf dem kalten Boden und Haferbrei, den ich schnell runterschlingen musste. Papa stand vor der Kaffeemaschine, kratzte sich im Nacken und murmelte und hustete abwechselnd. Wenn wir aus dem Haus gingen, war es draußen noch stockdunkel, und die Kälte zwickte einem so fest in die Nase, dass man fast umkippte.

Später stand ich dann auf dem Schulhof und sehnte mich zurück.

Zurück nach Hause.

Dann kam Hedvig angerannt, ich sollte zum Baum mitkommen. Bestimmt wollte sie nachschauen, ob die Ameisen dort waren, obwohl es noch viel zu kalt war. Im Winter schlafen die Ameisen tief unter der Erde und warten auf die ersten Sonnenstrahlen des Frühlings.

Ameise müsste man sein.

Dann, wenn die Frühlingssonne anfängt zu kitzeln, kommt eine Ameise nach der anderen an die Oberfläche, wo sie sich aufwärmen. Wenn sie wieder richtig zum Leben erwacht sind, krabbeln sie runter zu ihren tiefgefrorenen Freunden, umarmen sie und tauen sie auf.

Danach wimmeln und wuseln die Ameisen den ganzen Sommer lang herum.

Wer den Winter verschläft, hat im Sommer jede Menge zu tun.

Wie die Mumins. Die schlafen mit Tannennadeln im Bauch.

Aber jetzt war oben am Baum noch nichts so richtig am Leben. Außer den Vögeln, die auf den Ästen bibberten. Tauben, Drosseln und Spatzen. Sie plusterten sich zu Bällen auf, damit sie nicht erfroren.

Dann kam Gösta und wollte mit uns eine Rockband gründen. Aber das war unmöglich in den dicken Winterklamotten. Ich konnte ja kaum die Arme bewegen, wie sollte ich da Schlagzeug spielen? Also stand ich nur da und machte nichts. Drei Hosen, vier Pullis, eine Jacke. Zwei Schals und die dickste Mütze aller Zeiten. Nur meine Augen guckten raus. Dass die anderen mich überhaupt so erkannten, war ein Wunder.

Omid wollte Fußball spielen. Ich sagte nichts dazu.

Bestimmt war ich tiefgefroren.

Manchmal stritten Mama und Papa. Ich saß im Fenster und hörte sie.

Meistens drehte es sich darum, dass Papa fand, Mama mache immer so ein Durcheinander. Weil sie ihre Tasche zwischen den Schuhen im Flur abstellte, und dann stolperte man drüber. Weil sie ihre zerknüllten Strümpfe in der ganzen Wohnung liegen ließ. Weil sie nach dem Abendessen nie beim Abräumen und Spülen half.

Wenn sie überhaupt schon zum Abendessen zu Hause war.

Mama nahm nur ihren Zettelberg, setzte sich in den Lesesessel, murmelte vor sich hin und unterstrich interessante Sätze mit ihrem dicken rosa Stift. Die Texte, die sie las, waren immer auf Englisch, und wenn ich fragte, was drinstand, ging es fast immer um Dunkle Materie. Dark matter.

Dunkle Materie ist etwas, was im All existiert, aber unsichtbar ist.

„Wir wissen, dass sie da ist, aber nicht, was sie ist", erklärte Mama, als ich sie danach fragte.

Obwohl ich ziemlich gründlich darüber nachdachte, verstand ich das nicht so richtig. Unsichtbar? Wie Kälte? Wie Gefühle?

„Eine der großen ungelösten Fragen", sagte Mama bloß und blätterte um.

Im Universum schien es vor ungelösten Fragen nur so zu wimmeln. Zum Beispiel der, wer immer den Badezimmerspiegel dreckig machte.

„Du darfst nicht so nah an den Spiegel rangehen, wenn du Zahnseide benutzt", sagte Papa zu Mama, wenn er gerade wieder in Streitlaune war.

„Ich nehme schon lange keine Zahnseide mehr", sagte Mama leise und murmelte und unterstrich weiter. „Zahnseide ist bescheuert."

„Es gibt ja wohl Wichtigeres im Leben als einen dreckigen Badezimmerspiegel", sagte ich, um Papa aufzuheitern. Aber er brummte nur etwas Unverständliches, legte die Stirn in Falten und fuhr fort:

„Wer hat im Bett Knäckebrot gegessen?!"

„Warum bin ich in diesem Haushalt der Einzige, der staubsaugt?"

„Warum ist der blöde Tisch so klebrig!"

„Kommt das hier ins Altpapier?"

Er hielt einen dicken Stoß von Mamas Papierbergen im Arm, die sich überall auf dem Boden auftürmten.

„Was in aller Welt machst du da?", schrie Mama.

„Entspann dich. Ich brauche das alles für die Arbeit!"

„Aber wir müssen hier aufräumen", fuhr Papa sie an. „Dieses Durcheinander halte ich nicht länger aus."

„Dann geh doch raus", zischte Mama, klaubte ihre Zettel zusammen und verschwand ins Schlafzimmer.

„Blöder Pedant!", war durch die geschlossene Tür zu hören.

„Papa, was ist ein Pedant?", fragte ich. „Und bist du so einer?"

„Äh", machte er nur. Und dann: „Nein, bin ich nicht. Ich hab's nur gern ordentlich."

Ein Pedant ist offenbar ein übertrieben ordentlicher Mensch. Für ihn muss alles einen festen Platz haben, und liegt etwas woanders, packt ihn die Panik.

Was auf Papa ziemlich genau zutraf, fand ich. Jedenfalls manchmal.

Mama hatte im Schlafzimmer mitgehört.

Jetzt schrie sie herüber:

„Na, und ob du ein Pedant bist! Wenn du's eines schönen Tages in deinen geliebten Wald schaffst, kriegst du doch sofort die Krise. Wahrscheinlich fängst du erstmal an zu putzen und sortierst alles fein säuberlich. Tannennadeln hierhin, Zapfen dorthin. Und wahrscheinlich jammerst du, weil überall Steine rumliegen und weil die Kiefernrinde nicht glatt genug ist. Du bist ein Pedant!"

Da gingen Papa und ich in die Küche und aßen Eis. Wir schlabberten rum, so viel wir konnten, ohne den Tisch hinterher abzuwischen.

Aber am nächsten Morgen war alles wieder blitzblank.

Trotzdem kam irgendwann der Frühling. Die Sonne kehrte zurück, und das Licht, die Buschwindröschen, das Vogelzwitschern und die kiesgrauen Straßen. Der Schnee taute, und eine Kleiderschicht nach der anderen wurde weggeschält. Plötzlich saß ich ohne Schneehose oben unter dem Baum auf dem Hügel und sah mit Hedvig und Sigge den Ameisen zu, die zwischen den Wurzeln entlangwuselten. Die Frühlingssonne hatte ihre winzigen Körper aufgetaut und wieder zum Leben erweckt.

Wir bauten für sie kleine Balkons am Baum. Und Treppen und Fenster, damit sie den ganzen Sommer bleiben und sich wohlfühlen würden. Aber die Ameisen legten nicht einmal eine Pause ein und sagten auch nie Danke.

„Undankbare Mistdinger", schrie Sigge und rannte los, um irgendwas anderes zu machen.

Zu Hause im Hof wurden die Grills und Tische in langen Reihen aufgestellt. Kinder spielten, Eltern strahlten. Wahrscheinlich würde es doch noch einen Sommer geben, die Welt schob ihren Untergang vor sich her.

Aber oben in unserer Wohnung saß Papa in seiner Einsamkeit und hustete. Er wurde immer kleiner. Bei jedem Hustenanfall krümmte er sich und schrumpfte ein bisschen. Er wurde grau und verschwand Stück für Stück in seinen Klamotten, bestimmt würde er bald unsichtbar sein unter seiner Lederjacke.

„Als würde er schmelzen", hörte ich Mama im Hof zu Egons Papa flüstern.

„Er gehört ins Krankenhaus", hörte ich jemand sagen.

Da fühlte ich ein Stechen im Bauch.

Dann gab's Grillwürstchen für alle.

Eines Tages war der Frühling endgültig da. Vor dem Fenster leuchteten die grünen Blätter der Bäume und Sträucher, und unten im Wald schlängelte sich der Bach an Enten und leeren Bierdosen vorbei. Die Vögel sangen so laut, dass es in den Ohren wehtat.

„Buchfink, Rotkehlchen, Star, Amsel", leierte Papa runter, als wir durch den Wald zur Schule gingen, obwohl der Weg viel länger war.

„Herrlich, oder?", fragte er und hob die Hände zum Himmel und allem, was da oben noch so war.

Eine Hummel brummte vorbei.

Ein Zitronenfalter taumelte durch die Luft.

„Ach, der Frühling ...", flüsterte er.

Im Frühling kommt alles zurück ans Licht. Plötzlich bimmelt der Eiswagen. Plötzlich steht auf dem großen Platz der Mann, der Osterzweige verkauft.

Die Menschen kommen aus ihren Häusern und sitzen auf Bänken in der Sonne, während die Kinder eine Runde nach der anderen um den Brunnen in der Mitte drehen.

Plötzlich sagt Papa, es sei Zeit für das erste Eis des Jahres. Es passiert einfach.

An diesem Morgen auf dem Waldweg sagte er das auch, gleich nachdem er das mit dem Frühling geflüstert hatte.

„Du, Gurke", sagte er. „Heute ist es so weit, oder? Nach der Schule gehen wir zum großen Platz und essen das erste Eis des Jahres. Ist schließlich Tradition."

Er legte mir eine Hand auf die Schulter.

Ich antwortete nichts. Brauchte ich auch nicht.

Ein paar Sekunden später latschte Papa in Hundekacke und humpelte und fluchte und bekam den allerschlimmsten Hustenanfall. Stare, Sperlinge, Meisen und Spatzen verstummten und flogen ängstlich davon.

Sein Husten war noch schlimmer geworden. Ich schämte mich. Er wurde auch immer grauer. Ich hatte Angst, dass er bald zu schwach sein würde, dass er unsichtbar sein würde, wenn er vor der Schule auf mich wartete – nur eine durch die Luft schwebende Lederjacke.

Die Sonne verzog sich.

Wie immer nahm Papa mich vorm Eingang in den Arm, aber er konnte nicht mal sagen „Mach's gut, Gurke" wie sonst. Stattdessen krümmte er sich vor Husten. Und ich ging hinein.

Als ich mich umdrehte, um ihm zu winken, sah ich, wie er sich an einem Baum abstützte. Er sah aus wie zusammengefaltet und bellte wie die Hunde im Hundehort am Hang.

Er konnte nicht mal das Maklerschild aus dem Boden reißen, auf dem geschrieben stand, dass irgendwo eine Wohnung zu verkaufen war.

Der gestriegelte Makler auf dem Bild sah aus, als ob er Papa auslachte. Meinen Papa.

Aber nach der Schule würde er mich abholen, wir würden zum großen Platz gehen und in der Frühlingssonne Eis essen.

Fast den ganzen Tag dachte ich daran.

Auch, als ich mit Hedvig unterm Ameisenbaum saß.

Als Gösta mich überreden wollte, in seiner Rockband mitzumachen.

Und als Ranya uns vorlas. Ich hörte ihr nicht zu. Bekam nicht mal mit, aus welchem Buch sie vorlas.

Im Bauch hatte ich so ein warmes Kribbeln.

Und als der Tag vorbei war, hatte ich das Eis natürlich fast vergessen.

Ich wunderte mich nicht mal, als Issa, Hedvigs Mama, kam und auf diese Erwachsenenart vor mir in die Hocke ging, meinen Namen sagte und mich fragte, was ich machte.

„Nichts Besonderes", sagte ich natürlich. Sie würde es sowieso nicht verstehen.

„Na schön", sagte sie. Und dann: „Lasse kann dich heute nicht abholen. Du kommst mit zu uns."

Im ersten Moment hatte ich gar nichts dagegen. Aber auf der Straße fiel es mir wieder ein.

„Nein", sagte ich.

„Wie, nein?"

„Nein, das geht heute nicht. Es geht nicht, weil Papa und ich auf dem großen Platz Eis essen wollen."

Da ging sie schon wieder in die Hocke. Mit schiefgelegtem Kopf. Seltsam sah das aus.

„Er kann heute nicht, ihr müsst das verschieben."

Plötzlich breitete sich auf ihrem Gesicht ein Strahlen aus.

„Weißt du was? Dann gehen wir eben Eis essen. Du, Hedvig und ich. Wär doch schön, oder? Ja, das machen wir!"

„Jaaa!", rief Hedvig und hüpfte auf und ab wie ein Flummi.

„Nein. Papa und ich gehen doch. Ist schließlich Tradition!"

Da kam Issa plötzlich ganz nah an mein Gesicht. Ich roch an ihrem Atem, dass sie genascht hatte. Lakritze.

„Das geht heute nicht", sagte sie. Ihre Stimme klang jetzt bestimmter. „Es geht nicht, weil Lasse im Krankenhaus ist."

Etwas später saß ich dann bei Hedvig im Hof neben Issa, die meinen Rücken tätschelte und sagte, ich solle mir keine Sorgen machen, alles würde gut. Es sei nichts Schlimmes, ganz bestimmt nicht, aber Papa huste doch so schlimm und müsse untersucht werden, und dann nochmal, es sei nichts Schlimmes. Immer und immer wieder.

„Bestimmt nur Pollen oder so", sagte ich und wollte trotzdem nicht aufstehen und rumrennen und was mit Hedvig machen.

Manchmal kam sie zu uns gelaufen und war stinkwütend, weil ich nicht mit ihr Detektivbüro spielte.

„Allein macht keinen Spaß", brüllte sie und stampfte so fest mit den Füßen, dass die Tannenzapfen aus dem letzten Jahr in alle Richtungen flogen.

Ich fragte Issa, wie spät es war. Ich fühlte, dass ich nach Hause musste. Ich sehnte mich nach meinem Fenster.

„Fünf vor fünf", sagte Issa. Und dann: „Alles wird gut." Schon wieder.

„Alles wird gut."

Irgendwann musste ich ihr sagen, sie solle damit aufhören.

„Die Welt wird eines Tages untergehen", sagte ich. „Dann wird alles gut. Weil alles andere im Universum einfach weitergeht. Die Geschichte der Erde ist bloß ein Wimpernschlag. Aber das Universum ist unendlich."

Plötzlich spürte ich keine Tätschelhand mehr am Rücken.

„Wie spät ist es?", fragte ich nochmal.

„Fünf vor fünf, du hast doch gerade schon gefragt."

„Gerade, ja, aber wie spät ist es jetzt?"

„Also schön, drei Minuten vor fünf."

„Weißt du, wie lange das Licht von der Sonne bis zur Erde braucht?"

„Nein, bestimmt ziemlich lange, oder?"

„Acht Minuten."

„Oh."

Dann konnten wir endlich eine Weile still sein.

Als ich das nächste Mal nach der Uhrzeit fragte, war es schon lange nach fünf, und da kam Mama mit wehendem Mantel von der Bushaltestelle angeflattert. Ihre Haare leuchteten in der grellen Frühlingssonne. Ihre Schritte waren schnell, bestimmt hatte sie einen unglaublich wichtigen Termin gehabt.

Ich sprang von der Bank und rannte, rannte, rannte.

Unsere Umarmung fühlte sich ganz besonders an. Fest und … besonders.

„Oh, Gurke, Liebling, Gurke."

Mehr sagte sie nicht.

Dann kam natürlich Issa zu uns und wollte Mama auch umarmen, tätscheln und trösten.

„Ach … oh … meine Liebe", so was sagten die beiden.

Ich zerrte an Mamas langem tanzendem Mantel, weil ich nur noch wegwollte, ich hielt es nicht länger aus.

Ich verabschiedete mich nicht mal von Hedvig. Ich ging einfach. Vielleicht würden sie es dann endlich verstehen.

Unterwegs holten wir Pizza, weil Mama nicht so genau wusste, was wir zu Hause im Kühlschrank hatten. Mir fiel ein Stein vom Herzen, als sie drei Stück bestellte, weil das doch bedeuten musste, dass Papa heute noch nach Hause kam.

Aber als wir uns an den Tisch setzten, war von Papa nichts zu sehen.

Mama schnitt die Pizzas in Dreiecke, und wir aßen sie direkt aus den Kartons. Wäre Papa zu Hause gewesen, hätten wird das nicht gedurft. Stattdessen hätte er Gemüse klein geschnippelt und in Schälchen sortiert und den Tisch mit Tellern, Besteck und Servietten gedeckt.

Aber jetzt war alles anders. Das spürte ich im ganzen Körper. In der ganzen Wohnung.

Wenn niemand mehr hustet, wird es so unglaublich still. Mama musste das Radio anmachen, aber

dann seufzte sie: „Wieder nichts als Katastrophen",
und fing mit der Zunge einen Käsefaden ein.

Sie hatte recht. Es war eine Katastrophe.

„Aber wann kommt er nach Hause?", fragte ich.

„Das können sie noch nicht genau sagen", antwortete Mama und mühte sich weiter mit ihrer
Pizza ab. Von meiner hatte ich kaum abgebissen,
aber Mama meckerte nicht deswegen.

„Heute? Morgen? In einer Woche? Ungefähr?"

„Heute jedenfalls nicht."

„Aber wann?"

„Ach Gurke, ich sag doch, ich weiß es nicht!"

Sie schrie fast. Ganz plötzlich.

Ich wollte nicht weinen, doch die Tränen kamen
einfach. Tief aus meinem Bauch, den Hals hoch,
in den Kopf. Ich konnte sie nicht aufhalten. Sie
strömten aus meinen Augen, ich zitterte. Mir blieb
die Luft weg. Meine Nase lief.

„Aber, aber, aber …" Mehr bekam ich zwischen
den Tränen nicht raus.

Dann saßen wir plötzlich auf dem Sofa. Ich fühlte mich warm und aufgequollen vom Weinen. Ich
legte den Kopf in Mamas Schoß, sie strich mir

übers Haar. Da konnte ich sie fragen: „Aber, wird er sterben?"

„Nein, Liebling", sagte Mama. „Nein, er wird nicht sterben, er wird nur untersucht, weil wir nicht wissen, was ihm fehlt. Bestimmt ist es eine normale Lungenentzündung."

„Versprochen?"

„Mmmmm."

Ich hörte, dass sie zögerte. Und fühlte ein Zwicken im Bauch. Wir schwiegen einen Moment.

„Aber wenn wir nicht wissen, was ihm fehlt, kannst du doch gar nicht versprechen, dass er nicht stirbt", sagte ich nach einer Weile.

„Man kann nie etwas versprechen", sagte sie. „Man kann nie etwas versprechen, aber er wird jedenfalls nicht sterben. Komm, wir essen auf."

Die dritte Pizza hatte sie schon in den Kühlschrank gelegt.

„Für morgen", sagte Mama. „Dann müssen wir nicht einkaufen."

Ich hasse alte aufgewärmte Pizza. Aber das sagte ich nicht.

So was sollte sie doch wissen.

Später am Abend fragte Mama, was sie mir vorlesen sollte.

„Papa und ich lesen gerade *Mumins wundersame Inselabenteuer*."

„Also schön, welches Kapitel?"

Doch als sie anfing, fühlte es sich falsch an.

„Nein", sagte ich. „Das geht nicht. Wir müssen mit dem Buch warten, bis Papa zurück ist. Such ein anderes aus."

Als Mama irgendwann aufstand, war ich schon halb eingeschlafen. Ich drehte den Kopf zu ihr und fragte: „Darf ich deinsla Nasla küsseln?"

„Was?", antwortete sie nur.

Sie drückte mir einen Kuss auf die Stirn, sagte Gute Nacht, löschte das Licht und ging zu ihrem Sessel und ihren Papierbergen.

Ich vermisste ihn so.

In der Schule kam Hedvig mir entgegen. Sie fragte nicht nach Papa.

Draußen war es so richtig frühlingshaft, und durch die staubige Luft flatterten Schmetterlinge. Schon früh morgens war die Sonne schön warm, und wenn man dann die Mütze abstreifte, standen die Haare elektrisch in die Luft.

Hedvig schleifte mich hoch zum Baum, und wir schauten den Ameisen bei der Arbeit zu. Sie wuselten durch die schmalen Pfade in der Baumrinde, und wir überlegten, was sie wohl vorhatten. Natürlich hätten wir fragen können, aber die Ameisen hätten eh nicht geantwortet. Sie bemerkten uns ja nicht mal.

„Haben die überhaupt keine Angst vor uns?", fragte Hedvig. „Für die sind wir doch Riesen!"

Also gaben wir uns Riesenmühe, den Ameisen

einen Schreck einzujagen. Wir hüpften und tanzten, schrien und knurrten. Legten uns so flach wie möglich auf die Erde, fletschten die Zähne und schnitten gefährliche Grimassen.

Hedvig glaubte fest daran, dass eine Ameise zornig mit den Antennen fuchtelte, aber sonst passierte eigentlich nichts.

„Die haben wohl andere Probleme", sagte ich.

„Dabei sind wir so gefährlich", sagte Hedvig.

„Na ja ..."

Anschließend versuchten wir, die Ameisen zu einem „Wer kann am meisten auf dem Rücken tragen?"-Wettkampf zu überreden, aber sie hörten einfach nicht auf uns.

An Papa dachte ich nicht eine einzige Sekunde.

Nach der großen Pause ging es um gefährdete Tierarten. Die leben in Wäldern und Dschungeln, im Meer und in den Bergen, aber es gibt nur noch sehr, sehr wenige von ihnen. Wie Pandas, Zwerg-schimpansen und Schneeleoparden. Schmetterlinge und Fische.

„Wir Menschen rotten die Tiere aus", erklärte Ranya. „Deshalb drohen einige Arten auszusterben."

„Aber wir essen doch gar keine Schimpansen", sagte Gösta, und tatsächlich hatte aus der ganzen Klasse noch nie jemand Pandaschinken beim Metzger auf dem großen Platz gesehen.

Ich sagte, ich würde sowieso nur vegetarisch essen und wolle da nicht mit reingezogen werden. Ich sei absolut unschuldig.

Aber da erklärte Ranya, dass es nicht nur darum ging, dass wir Menschen Tiere essen. Es ging auch darum, dass die Wälder verschwinden, wo die Tiere leben. Dass wir den Regenwald abholzen und die Natur vergiften.

Da erzählte ich von einem Naturfilm, den ich mit Papa gesehen hatte. Über Wilderer, die Nashörner erschossen, weil die Hörner so wertvoll sind.

„Sie sägen die Hörner einfach ab und lassen die Tiere zum Sterben liegen", sagte ich, und außer Gösta sahen alle wütend aus.

„Bald gibt es keine Nashörner mehr", fuhr ich fort und erzählte weiter, wie die Tiere mit Hubschraubern weggeflogen wurden, um sie vor den Wilderern zu verstecken.

„Wenn ich groß bin, will ich das auch machen", rief Saga. „Ich will die letzten Nashörner retten."

„Aber es gibt Wichtigeres auf der Welt als Menschen und Nashörner", erklärte ich dann. „Irgendwann kommt eh ein riesiger Meteorit und vernichtet alles Leben auf der Erde."

Da sah Ranya mich ein bisschen besorgt an und sagte schnell: „Okay, okay, dann machen wir mal weiter."

Auch hier bei uns gab es gefährdete Tierarten, erzählte sie und zeigte uns ein Bild von einem Grauspecht.

„Aber hier leben doch jede Menge Spechte", sagte Hedvig. „Die hacken doch überall herum."

Aber Ranya meinte eine ganz bestimmte Sorte.

„Der Grauspecht braucht alten unberührten Wald zum Leben. Und der verschwindet allmählich", erzählte sie.

Klar, dass ich da sofort an Papa denken musste.

Ranya erklärte, man könne Pflanzen- und Tier-arten unter Naturschutz stellen, um sie zu retten. Dann darf sie keiner pflücken oder töten. Wenn sie unter Naturschutz stehen, können sie leben. Le-berblümchen zum Beispiel dürfen nicht gepflückt werden.

Ich musste an die schleimigen Pilze hinterm Parkplatz denken, die wir einfach weggeworfen hatten.

Und daran, dass ich am liebsten auch die Amei-sen unter Naturschutz stellen würde. Schließlich stocherte ständig irgendwer mit einem Stock her-um und bedrohte ihre Existenz.

Da kam mir noch eine Idee.

„Hallo, Ranya", rief ich. „Kann man auch einen Menschen unter Naturschutz stellen?"

Ranya lachte.

Als hätte ich einen Witz gemacht.

In der Pause ging ich über den Schulhof und überlegte, wie man wohl einen Papa unter Natur-schutz stellte. Ich streifte am Zaun entlang, kickte Steinchen vor mir her, grübelte und träumte. Wenn ich Papa unter Naturschutz stellte, müssten Ministerpräsidenten und die Polizei alles tun, um ihn zu retten. Die Zeitungen würden von seinem Husten berichten, und in der Bibliothek würden Protestlisten ausliegen …

Da sah ich ihn.

Er lag einfach vor mir auf dem Boden. Schwarz und kantig, gleich vor den Spitzen meiner Turnschuhe.

Ich hob ihn auf und wog ihn in der Hand. Er war hart, aber leicht. Er fühlte sich scharf an und wichtig. Ich schloss die Hand um den Stein und drückte ihn so fest, dass er sich in meine Haut bohrte, dann rannte ich los zum Baum und zu Hedvig.

Doch auf halber Strecke hielt ich inne.

Denn plötzlich wurde mir klar, warum er sich wichtig anfühlte.

Es war ein Weltraumstein. Ganz bestimmt. Ein Meteorit. Mein Meteorit.

Und Hedvig durfte ihn nicht sehen.

Weil er mein Meteorit war.

Mein Geheimnis.

Den Rest des Tages hielt ich ihn fest in der Hand.

Spürte die scharfen Kanten. Nach einer Weile fühlte er sich warm an und nach Trost.

Gleich nach der letzten Stunde holte Mama mich ab. Sie wirkte wütend und gestresst, preschte die ganze Zeit ein paar Meter vor mir her, drehte sich manchmal um und rief, ich solle nicht trödeln.

Ein paar Omis blieben mit ihren Rollatoren stehen und starrten mitleidig, weil ich mit so einer gestressten, wütenden Mama leben musste. Ich spürte, dass sie auf meiner Seite waren, und ich spürte, wie sehr ich Papa vermisste. Papa hatte es nie eilig. Er wusste nicht so viel übers Weltall, aber umso mehr über Toaster und Lautsprecher. Und er konnte lesen, was die Mauersegler in den Himmel schrieben ...

„Komm jetzt!"

Mama schrie von der Haltestelle, wo der Bus schon wartete.

Also musste ich rennen.

„Tut mir leid, Gurke", sagte sie, als wir uns endlich hingesetzt hatten. „Tut mir leid, ich hatte einen schlechten Tag."

„Ich auch", sagte ich.

Da weinte sie plötzlich.

Mama saß da und weinte.

Was machst du da?

Was machst du, wenn du in einem Bus auf dem Weg ins Krankenhaus sitzt, auf einem abgewetzten Sitz neben einer wütenden, weinenden Mama mit zerzausten Haaren, und rundherum gucken alle zu, wie Tränen und Schnodder aus ihr herausströmen? Was machst du da?

Erst spürst du ein ekliges Kribbeln im Bauch. Du atmest ein paarmal tief durch und fängst auf gar keinen Fall an zu weinen.

Dann schaust du aus dem Fenster.

Und plötzlich siehst du Omid und Hedvig, die zusammen zum großen Platz gehen, und dann Alexanders Bruder mit Fußball und Torwarthandschuhen. Im Fenster vom Falafelladen spiegelt sich die Sonne, und am Kiosk sucht sich ein Kind ein Eis aus. Vögel sausen durch die Luft, mit Zweigen für ihre Nester und Würmern für ihre Jungen.

Dann gräbst du deine Hand in die Hosentasche und fühlst die glattglänzende Oberfläche des Steins. Er könnte uralt sein. Vielleicht gibt es ihn seit vielen Milliarden Jahren.

Du überlegst, dass er bestimmt vom Anfang der Welt stammt. Der Urknall ist vierzehn Milliarden Jahre her. Die Erde existiert seit mehr als vier Milliarden Jahren. Nashörner gibt es seit sechzig Millionen Jahren. Menschen seit zweihunderttausend Jahren.

Dann drehst du dich zu Mama um.

„Mama. Ist nicht so schlimm."

Die Wörter kamen einfach aus meinem Mund. Ich legte meine Hand auf ihre, und sie legte ihre andere Hand ganz fest auf meine.

Sie sah mich an und lächelte. Ihre Augen waren rot, die Haare zerzaust.

„Das wird schon, Gurke. Alles wird gut."

Ich nickte nur und legte meinen Kopf an ihren Arm.

Bis zum Krankenhaus mussten wir noch ein ganzes Stück fahren.

Wir sagten nichts mehr.

Ich hatte mir das Krankenhaus als unheimlichen Ort vorgestellt. Noch unheimlicher als den Friedhof. Von meinem Fenster aus hatte ich freie Sicht auf den großen grauen Klotz auf der anderen Seite des Sees. Er war das Gegenteil vom Weltall.

Ich hatte an Menschen gedacht, die mehr tot als lebendig waren, und an erschöpfte Ärzte. An graue Schlappen auf gelbem Fußboden. An Notaufnahmen, Tränen und Beinbrüche. An Lungenentzündungen, Windpocken und Schnupfen.

An die große Katastrophe.

Aber als wir dort oben auf dem Hügel aus dem Bus stiegen, sah ich überall blühende Blumenbeete. Der Frühling war wie Nebel. Hummeln brummten durch die Luft, und die Sonne war warm. Vom Boden wirbelte Staub auf, und die Haare standen elektrisch in die Luft. Vor dem Eingang standen alte Leute, die sich umarmten, und Taxifahrer, die lachten. Frischgebackene Mamas und Papas kamen mit frischgebackenen Babys aus dem Gebäude. Braungebrannte Ärzte saßen auf Bänken und blinzelten in die Sonne.

„Das wird schon", sagte Mama und drückte meine Hand ganz fest.

Ich nickte bloß.

Dann gingen wir endlose Flure entlang und fuhren in dunklen Aufzügen.

Weiß gekleidete Menschen eilten mit Betten auf Rädern vorbei.

„Hier ist es", sagte Mama plötzlich und blieb vor einer Tür mit Milchglasquadraten stehen.

„Station 22."

Gurke, endlich!"

Papa lag in einem Bett und sah fast aus wie immer. Vielleicht ein bisschen kleiner, aber ganz und gar nicht verschwunden.

„Gurke, du hast mir so gefehlt", sagte er, und ich sah, wie ihm eine Träne über die Wange lief.

„Und du mir", schrie ich und rannte aufs Bett zu.

„Vorsichtig!", hörte ich Mama rufen. „Vergiss nicht, er ist gerade sehr schwach."

„Von wegen", schnaubte Papa, als ich ihn fest drückte. „Die Schwestern und Pfleger sagen, ich bin stark."

Wir lachten, aber Mama blieb an der Tür stehen und sah ängstlich aus.

„Komm her", sagte Papa.

Ich schaute zu ihr.

„Komm", sagte ich.

Da lächelte sie und ging langsam auf das schmale Bett zu. Es hatte ein Metallgestell und überall Hebel, und bald lagen wir zu dritt darin und umarmten uns, und ich glaube, wir bekamen alle drei Tränen in die Augen.

Papa freute sich so, dass wir endlich da waren. Er habe sich einsam gefühlt und uns vermisst, sagte er.

Mama fragte ihn Krankenhaussachen, und Papa antwortete.

Mir schwirrten auch jede Menge Fragen durch den Kopf, aber es fühlte sich nicht richtig an, Papa damit zu löchern. Wie hießen die Ärzte? Was bekam er zu essen? Konnte er sich aufsetzen? Allein gehen? Mit welchem Hebel stellte man das Bett hoch? Und vor allem: Wann kam er wieder nach Hause?

Während die zwei miteinander sprachen, wand ich mich aus Armen und Fingern, kletterte aus dem Bett und ging zum Fenster. Der Blick war fantastisch. Ich sah den Schornstein auf der anderen Seite vom Wasser, gar nicht weit weg von unserem Haus. Ich sah den Wald, für den Papa kämpfte, und darüber den Himmel. Die Vögel flogen aufgeregt von Baum zu Baum, ihr Gezwitscher war bis hierher zu hören.

Ich musste an den Specht denken, der unter Naturschutz stand – wo der jetzt wohl war?

Wenn in diesem Moment etwas auf der Sonne passierte, würden wir erst in acht Minuten davon erfahren.

Aber auf der Sonne war offenbar alles wie immer …

Da klopfte jemand an die Tür. Ein Mann kam herein, er trug einen weißen Kittel, aber normale Klamotten darunter. Klare Sache: ein Arzt. Er hatte keine Haare, aber dafür Sorgenfalten im Gesicht. Er schob sich die Brille auf den glänzenden Glatzkopf und blätterte in einer Mappe mit vielen Zetteln. Wie Mama, wenn sie zu Hause mit der DOKTORARBEIT beschäftigt war. Als er mich sah, lächelte er, aber nur ganz kurz.

Dann räusperte er sich. Ging zu Mama und streckte die Hand aus.

„Jannis Karavidas … hmmmm … und Sie sind sicher Lasses Frau?"

„Ja", sagte Mama. „Das heißt, nicht seine Ehefrau, aber …"

„Also Partnerin", sagte Jannis ernst.

Aus dem Bett war lautes Lachen zu hören. Papa lag da und lachte, bis er einen fürchterlichen Hustenanfall bekam. Da wurden Jannis' Sorgenfalten noch tiefer, und er sagte, er wolle mit Mama sprechen.

„Vielleicht unter vier Augen?", schlug Mama vor.

Das bedeutete, dass ich nicht mithören sollte. Die beiden gingen zur Tür. Jannis legte Mama eine

Hand auf den Rücken und führte sie in den gelben Flur hinaus.

„Bald bin ich wieder zu Hause", sagte Papa vom Bett aus.

Ich stand immer noch am Fenster und war fast überrascht, als ich seine Stimme hörte. Sie klang so winzig.

„So was kann man nicht wissen", sagte ich.

„Nein, okay, aber ich komme nach Hause."

„Gut."

„Wie läuft's in der Schule?"

„Gut."

„Wie läuft's mit Hedvig?"

„Gut."

„Gut. Gut, gut, gut", seufzte er. „Hier auch."

Als Mama zurückkam, war es auch schon Zeit, zu gehen. Wir versprachen, Papa bald wieder zu besuchen, und ich bekam Bauchweh, weil er einfach so dalag und nicht mitkonnte.

Dann nahmen wir uns nochmal in den Arm. Papa und ich.

„Hast du eigentlich dein Eis bekommen?", flüsterte er.

„Ich wollte auf dich warten", sagte ich. „Hedvig war richtig sauer."

„Du darfst gern auf mich warten, aber versprich mir, dass du solange ganz viel Eis isst. Iss ein paar für mich mit."

Er lachte ein bisschen. Vielleicht hustete er auch.

„Und weißt du was?", sagte er. „Wenn du abends aus deinem Fenster schaust, gucke ich hier aus dem Fenster, und dann treffen sich unsere Blicke über dem See, ja?"

„Dann musst du darauf achten, dass die Jalousien oben bleiben", flüsterte ich.

„Uns zwei kann niemand trennen", sagte er nur, bevor er mich losließ und Mama noch einen Handkuss und ein Lächeln zuwarf. Trotzdem sah sie nicht glücklich aus.

Draußen auf dem Flur nahm sie mich an der Hand und ging los.

„Das wird schon", sagte sie und starrte dabei geradeaus auf die Glastüren. Ein paar Krankenpfleger grüßten uns, als wir vorbeigingen. Sie hielten Kaffeebecher in den Händen. Mama bemerkte sie nicht. Sie starrte nur weiter geradeaus.

Deshalb musste ich ihnen Hallo sagen.

„Das wird schon, ganz bestimmt", wiederholte sie.

Dass Papa noch länger im Krankenhaus bleiben würde, hatte ich verstanden.

Dann fragte ich, was es zum Abendessen gab.

Auf einmal war alles anders.

Kein müder Papa stand morgens vor der Kaffeemaschine und hustete. Kein Papa hielt mir auf dem Weg zur Schule die Hand. Kein Papa wartete nach der letzten Stunde draußen vorm Tor. Es gab keine Bio-Falafel zum Abendessen und keine Regenwaldexpeditionen im tiefsten Amazonas im Fernsehen. Immer war es still zu Hause, und oft musste ich nach der Schule in der Nachmittags-

betreuung bleiben. Manchmal machte ich beim Fußball mit, aber meistens war ich drinnen bei Janne, der immer irgendwas aus Papier, Glitzer und Klebstoff zauberte.

Ich beschloss, ein Sonnensystem zu basteln. Dafür schnitt ich Planeten und Monde aus und klebte sie im richtigen Abstand zur Sonne auf schwarzes Papier. Mit einem Silberstift malte ich Sterne und Asteroiden in die Umlaufbahn. Am Anfang reichte ein Blatt, aber dann musste Janne mir helfen, ein zweites dranzukleben, und dann noch eins und noch eins …

„Das hängen wir auf, wenn's fertig ist …", sagte er.

Aber ich sagte, mein Sonnensystem würde wohl nie fertig.

„Es ist unendlich, da oben", sagte ich, „es geht einfach immer weiter. Nicht mal alles Papier auf der Welt würde reichen."

Da seufzte Janne, stand auf und fing an aufzuräumen.

„Uiuiui", machte er nur. „Uiuiui." Immer wieder.

Vielleicht leidet nicht nur Papa an Weltraumallergie.

Manchmal ging ich nach der Schule mit zu Hedvig. Weil Mama so wenig Zeit hatte. Für sie schien die Zeit nie auszureichen.

Bei Issa und Hedvig gab's abends Nudeln mit Tomatensoße, und wenn Mama mich abholte, stritt ich mit ihr.

„Oh, du bist aber müde", sagte sie, und ich schrie, ich wäre überhaupt nicht müde, ich wollte nur nicht mit nach Hause.

Einmal fragte ich beim Essen, ob es bei Hedvig immer nur Nudeln mit Tomatensoße gab.

„Esst ihr gar nichts anderes?"

„Doch, natürlich", antwortete Hedvig. „Sonntags gibt's Pizza."

Da lachte Issa nur.

Bei Issa und Hedvig gab's so leckere Oliven. Und immer Mozzarella.

Manchmal wünschte ich mir, ich könnte bei den beiden wohnen.

Unter Hedvigs Hochbett war unser Detektivbüro, und wir zeichneten Bilder und Karten, die so streng geheim waren, dass wir sie zerreißen mussten, sobald sie fertig waren. Auf Hedvigs grünem Teppich sahen die Schnipsel aus wie Schnee.

Wir fuhren Ski darüber, und ich merkte überhaupt nichts von meiner Winterallergie.

Aber Mama war gestresst. Sie musste so viel erledigen, weil Papa nicht zu Hause war. Und sie hatte natürlich ihre DOKTORARBEIT. Die musste bald fertig sein, und jeden Tag brachte Mama mehr Papier mit und las Texte *in English*.

Ich fragte nicht mehr, wovon sie handelten. Ich setzte mich einfach in mein Fenster, um an die Ewigkeit und die Unendlichkeit zu denken. Aber oft dachte ich nur an Papa. Ich sah ihn vor mir, in einem winzigen Bett in dem riesigen grauen Klotz auf der anderen Seite vom See.

Ich wusste, dass er mich vermisste.

Und manchmal redete ich mit ihm.

Ich saß im Fenster und flüsterte leise. Plante unsere Bergwanderung im Sommer und erzählte Papa von den Lemmingen und Steinadlern, die wir sehen würden.

Mama und ich aßen viel Mitnehmessen. Sie ging schnell los und kam kurze Zeit später mit Nudeln,

Sushi oder Pizza zurück. Die Pappschachteln stapelten sich auf der Küchenzeile, und oft war die Milch alle.

Einmal kam Mama mit acht Bechern Joghurt vom Einkaufen nach Hause und vergaß, sie in den Kühlschrank zu stellen. Sie sagte, dass wir keinen Haferbrei mehr frühstücken würden. Das Kochen koste morgens zu viel Zeit.

Da dachte ich, dass es eigentlich ziemlich schön war, einen Pedanten zu Hause zu haben. Aber das sagte ich nicht.

Ich stellte nur die Joghurts in den Kühlschrank und überlegte, was ich hineinrühren könnte.

Im Flur herrschte ein mordsmäßiges Durcheinander, wie Papa gesagt hätte.

Auf Naturfilme und Abenteuerprogramme im Fernsehen hatte ich keine Lust.

Und der Badezimmerspiegel war immer voller Zahnpastaspritzer.

Ich stand da und betrachtete ihn. Das große blanke Spiegelglas mit den klitzekleinen weißen Pünktchen.

Auf einmal sah ich den Sternenhimmel.

Die Tage verstrichen.

Ich vermisste Hedvig in der Schule, plötzlich war sie krank geworden. Fieber, Schnupfen oder Kotzgrippe. Niemand wusste es so genau, aber Hedvig war nicht da.

Die meiste Zeit war ich allein.

Die Vögel sangen, und ich verstand nicht so richtig, warum.

Ranya sagte eines Tages, sie würde sich Sorgen machen, ich sollte mich mehr beteiligen. Mehr reden. Spielen. Lachen.

Ich schrie, dass ich nur meine Ruhe wollte, aber sie verstand mich offenbar nicht und guckte mich lieb an.

Da ging ich einfach.

Unterm Baum konnte ich allein sein.

Ich saß da und weinte. Die Tränen kamen einfach. Wegen der Vögel und wegen des Staubs, wegen der Sonne und wegen Papa. Die ganze Zeit war da dieses Gefühl in mir drin. Die anderen rannten herum wie immer und spielten. Aber sobald ich durch das Schultor trat, fühlte ich es im Bauch. Etwas wie Einsamkeit. Oder Traurigkeit.

Unter dem Baum konnte Ranya mich nicht sehen. Niemand wusste, wo ich war. Nur die Vögel, der Staub und die Sonne. Und Papa.

Die Vögel hörten nicht auf zu singen. Die Ameisen wuselten weiter herum. Eine Hummel brummte vorbei, aber sie beachtete mich nicht. Sie waren meine Freunde. Nur sie.

Und Papa …

Klar besuchten wir ihn.

Es fühlte sich ungewohnt an, wenn Mama mich von der Schule abholte. Sie war immer nervös und fahrig und hatte nie Zeit, um mit Ranya über den Tag zu reden. Ganz anders als Papa. Immer nur „Zieh dich an" und schnell los.

Dann, nachdem sie den ganzen Weg ein paar Meter vor mir hergeprescht war und wir endlich die Haltestelle erreichten, ging sie vor mir in die Hocke und fragte, wie mein Tag gewesen war.

„Gut", sagte ich nur.

Manchmal lügt man eben ein bisschen.

Im Bus strich ich mit dem Daumen über den Meteoriten, während Mama auf dem Handy E-Mails las.

Jedes Mal, wenn wir am Krankenhaus ankamen, war der Frühling ein wenig mehr zu spüren. Als wäre er dort vor dem Haupteingang stärker als anderswo. Die grelle Sonne. Die Blumenbeete. Die singenden, fleißigen Vögel.

An den Taxifahrern ließ sich erkennen, dass es immer wärmer wurde. Erst schälten sie sich aus den Jacken. Dann aus den Pullis. Jetzt blinzelten sie in ihren kurzärmeligen weißen Hemden in den Himmel.

Manchmal aßen Mama und ich ein Eis auf der Bank neben dem Eingang.

„Ich weiß noch, wie wir hier rauskamen. Lasse und ich, mit dir im Arm", sagte sie nachdenklich. „Es fühlt sich an, als wäre das ewig her."

„Mmmmm", machte ich.

„Und das ist es wohl auch", seufzte sie. „Es ist dein ganzes Leben her."

„Nicht mein ganzes", protestierte ich. „Ich hab doch noch lange nicht fertig gelebt?"

„Nein", sagte sie. „Wirklich nicht. Du hast noch ganz viel Leben vor dir."

Mama klang immer so traurig. Sie saß da mit ihrem Nogger, und obwohl alles, was Menschen glücklich macht, wie immer war, schniefte und seufzte sie, und ein paar Strähnen klebten ihr elektrisch an der Stirn.

Bestimmt lag das an diesem Eingang. An diesem großen Loch, das in eine Finsternis mit kalten Fluren und weiß gekleideten Wesen mit quietschenden Schlappen führte.

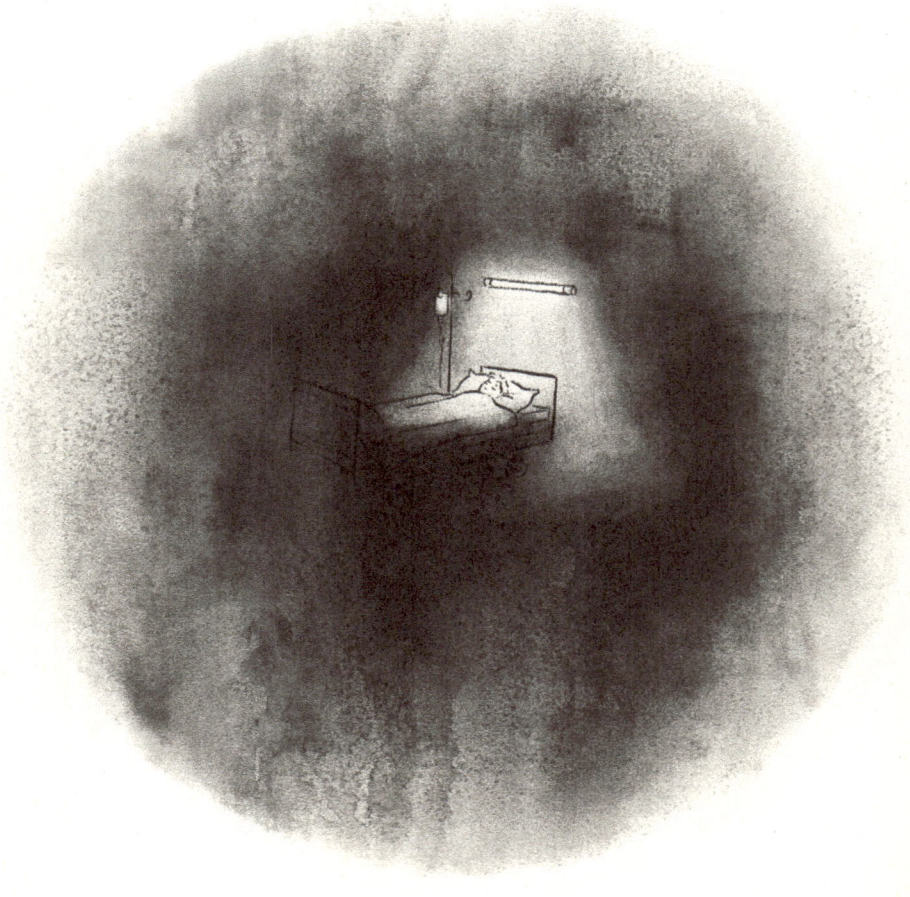

Und ganz tief drinnen in der Finsternis: Papa.

Wenn Mama sein Zimmer betrat, riss sie immer als Erstes die Vorhänge auf. In ihrem flatternden Mantel stürzte sie zum Fenster und ließ die Frühlingssonne herein. Papa schirmte die Augen ab und blinzelte.

„Ich mag das Elend nicht sehen", stöhnte er. „Ich lieg hier rum und kann nichts machen, und draußen ist alles lebendig und zwitschert und strahlt – das hält doch kein Mensch aus!"

Aber dann, wenn er mich sah, strahlte er.

„Gurke!"

Er setzte sich im Bett auf und streckte die Arme aus.

Wenn wir uns fertig umarmt hatten, saß ich auf der Bettkante, und er stellte mir die üblichen Fragen. Wie alles war.

Und ich antwortete, wie immer.

„Alles gut."

Er sagte das Gleiche.

Wir logen uns ins Gesicht.

Manchmal brachten wir ihm Geschenke mit. Süßigkeiten, natürlich: Snickers, Lakritz-pfeifen, Salzige Heringe. Aber Papa rührte sie nie an, und bei unserem nächsten Besuch aß ich sie dann. Er selbst hatte wohl keine Lust.

Am Anfang brachte Mama auch Tulpen mit.

„Hübsch, oder?", fragte sie Papa, bevor sie rausging, um das gesamte Pflegepersonal in die Suche nach einer Vase zu verwickeln.

Papa sah immer glücklich aus, bewunderte die Blumen und sagte Danke, aber wenn wir ein paar Tage später wiederkamen, waren sie verschwunden. Irgendwann fragte Mama, was mit den Sträußen passiert war. Ob die Tulpen so schnell verwelkten, ob niemand das Wasser in der Vase wechselte?

„Ich hab den Geruch nicht ertragen", murmelte Papa.

„Den Duft", korrigierte ich.

Da lachten die beiden, und mit Blumen war erstmal Schluss.

Dafür wollte Papa unbedingt die Werbeprospekte des Elektronikladens, in dem er arbeitete. Wenn er darin blätterte, brummte und murmelte er. Und manchmal wurde er wütend.

„Was? Das ist ja ein Skandal", rief er plötzlich. „Neunhundert Kronen, das ist doch verrückt!"

Oder er rief mich, weil er mir etwas zeigen wollte.

„Guck mal, Gurke, das hier ist der Rolls Royce unter den Toastern." Er tippte auf den bunten Prospekt. „Handgefertigt in England. Mit extrastarkem Pop-up-Mechanismus und Platz für vier Scheiben. Absolut phänomenal! Ist er nicht wunderschön? Und obendrein rostfrei. So einen brauchen wir auch. Oder was meinst du, Gurke?"

„Ein Toaster, der damit angibt, dass er nicht rostet", sagte Mama kopfschüttelnd und erinnerte ihn an das letzte Mal, als er ihr einen Toaster angedreht hatte.

Papa erwiderte, sie habe von so was keine Ahnung.

„Bleib du bei deinen Sternnebeln und schwarzen Löchern", sagte er. „Ich kümmere mich in der Zwischenzeit um die weltlichen Dinge. Aber warum in aller Welt verkaufen die den so billig? Ich muss dringend Peter anrufen …"

Wir hatten ihm auch Bücher mitgebracht, die in kleinen Stapeln auf dem Nachttisch lagen. Mama hatte Krimis besorgt, weil sie fand, Papa müsste sich von der Wirklichkeit ablenken.

Ich fand, er müsste vor allem gesund werden.

Manchmal blätterte er in dem Buch über schwedische Nationalparks, das ich ihm mitgebracht hatte.

„Sarek, Abisko, Skulesogen", flüsterte er lächelnd.

Doch meistens lag er bloß da und wartete.

Die Krimis rührte er nicht an.

Über den Tod zu lesen sei komisch, sagte er.

Von da an brachte Mama ihm keine Geschenke mehr mit.

Hedvig war immer noch krank.

Die Schule war so leer ohne sie, und ich gewöhnte mich nicht daran. Ranya erzählte, Hedvig hätte eine Ohrenentzündung, und ich saß meistens oben unterm Ameisenbaum und wünschte mir, ich würde mich bei ihr anstecken. Vielleicht könnten sie ein kleines Bett neben das von Papa stellen, und dann würden wir zusammen dort liegen und krank sein. Mama würde mir Süßigkeiten bringen und Filme und riesige Blumensträuße.

Ich hätte auf alles Lust.

Aber in Wirklichkeit war ich kerngesund und hatte auf nichts Lust.

Manchmal musste ich niesen, aber nur, weil ich zu lange in die Sonne geguckt hatte.

Manchmal lief mir die Nase, aber nur, weil ich geweint hatte.

Manchmal wollte Ranya mit mir reden.

„Du bist traurig, das verstehe ich", sagte sie, und ich antwortete so kurz wie möglich.

„Äh ja."

„Es ist nicht leicht, wenn jemand, den wir lieb haben, krank wird."

„Nee."

Alles würde gut werden, sagte sie, so wie die anderen Erwachsenen.

Woher wollten sie das eigentlich wissen?

Ranya rief sogar Mama an, die mich danach mit lauter Fragen über die Schule löcherte.

Ich wollte sagen, dass alles gut war, aber es war jedes Mal ziemlich schwer, nicht zu weinen.

Deshalb sagte ich fast gar nichts.

Als Oma aus Sveg anrief, zog Mama die Schlafzimmertür zu und redete mit ihrer Todernststimme. Ich legte ein Ohr gegen die Wand und lauschte.

Ich hörte „einsam". „... nicht leicht für Gurke" und „solche Sorgen". Dann hörte ich „das wird schon" und „ja, wir müssen positiv denken".

Dann, als ich das Telefon bekam, klang Oma fröhlich, als ob nichts wäre. In Sveg sei Sommer, erzählte sie, die Vögel würden so herrlich singen, und die Lämmer auf dem Nachbarhof seien schon richtig groß. Wir sollten sie unbedingt bald besuchen kommen. Ich musste daran denken, dass Mama gesagt hatte, Sveg sei ein grässliches Loch. Bei Oma klang Sveg wie ein Paradies. Mir war klar, dass beide unrecht hatten.

Über den Weltuntergang sprachen wir nicht.

Auch nicht über Papa. Oma war die Einzige, die ihn Lars nannte. Mein kleiner Lars, sagte sie manchmal, aber nicht jetzt.

Ich wollte sie nach dem rekordverdächtigen Hecht fragen, den Papa aus dem Ljusnan geangelt hatte, aber das fühlte sich ein bisschen sinnlos an. Weil Oma doch so ein schlechtes Gedächtnis hatte. Das sagte Papa immer.

Nach einer Weile versuchte ich, mich zu verabschieden.

Aber Oma schnitt mir das Wort ab und fing vom letzten Schultag an.

„Die Sommerferien werden doch bestimmt herrlich."

„Vielleicht", sagte ich und musste an die Bergwanderung denken, die wir nicht machen würden.
An die Schnee-Eulen, die wir nicht entdecken würden, an die Wurzeln, die jetzt wohl andere Abenteurer essen würden. Dann sah ich die Lämmer in
Sveg vor mir, wie sie über ihre Weide hopsten. Sie
waren so unendlich weit weg.

Ein bisschen so, als ob ich mit jemandem aus
einer anderen Galaxie telefonierte.

„Oma", sagte ich, „weißt du, wie weit es von hier bis zur Andromedagalaxie ist?"

„Was?!", schrie Oma.

„Zwei Komma fünf Millionen Lichtjahre", sagte ich. „Und trotzdem ist keine andere Galaxie unserer Milchstraße näher."

Da wollte Oma wissen, wie es mir ging, und ich sagte: „Gut."

Bevor wir auflegten, meinte sie plötzlich, ich sollte nicht traurig sein. Einfach so.

„Sei nicht traurig, Liebling", sagte sie.

Da legte ich auf.

Wäre Papa zu Hause gewesen, hätten meine Sachen nach dem Aufstehen auf dem Sofa gelegen. Meine Sachen für die Letzter-Schultag-Feier. Frisch gebügelt und gefaltet. Papa hätte vor der Kaffeemaschine vor sich hin gemurmelt, und auf dem Herd würde der Haferbrei blubbern.

Doch an diesem Morgen schwirrte Mama durch die Wohnung, als ob sie überhaupt nicht wüsste, was für ein Tag heute war.

Ich sollte mir einfach etwas zum Anziehen aus dem Schrank nehmen, und zum Frühstück gab es nur Knäckebrot. Der Joghurt war nämlich sauer geworden.

„Wie zum Teufel soll man das alles schaffen?", hörte ich sie aus der Küche.

Ich sagte nichts. Obwohl ich die Antwort wusste. Man musste rechtzeitig einkaufen. Die Kleider in ordentliche Stapel legen und alles ganz genau durchplanen.

Auf einmal fühlte sich alles so traurig an, als ich beim Frühstück saß, während Mama rumschwirrte und Papier, Schlüssel und Handys zusammen-

raffte. Nach einer Weile setzte sie sich, rief bei der Arbeit an und sagte, sie könne nicht kommen, sie hätte meine Schulfeier vergessen.

Sie hatte sie tatsächlich vergessen.

Sie versuchte, mir zuzulächeln, dort in der Küche, aber ihre Augen verrieten sie.

Das Zähneputzen vergaßen wir auch.

Ich erinnerte sie nicht daran.

Wenigstens schien die Sonne, und es war warm.

Mein rosa Kapuzenpulli war fleckig, aber Mama sagte, das sei nicht so schlimm.

Ich wollte nochmal hoch und mich umziehen, aber offenbar gab's da nichts zu diskutieren.

Ich sammelte Spucke im Mund und bewegte sie hin und her, aber das half auch nichts.

Die Vögel sangen.

Mama nahm meine Hand.

In meiner Tasche steckte der Meteorit.

Dann standen wir oben auf der Treppe, Ranya
begrüßte alle, und Henke zählte „eins, zwei,
drei" und fing an, Gitarre zu spielen.

Hedvig war wieder da. Sie hielt meine Hand und
sagte, sie würde mich nicht anstecken.

„Macht nichts, wenn du mich ansteckst", flüsterte
ich. „Ich kann ruhig die ganzen Ferien krank sein."

Alle sangen, und ich glaube, es klang schön.

Die Eltern standen unten am Fuß der Treppe und
lächelten zu uns rauf. Nur Göstas Papa rannte herum und versuchte, Göstas kleine Schwester ein-
zufangen. Er schrie, sie sollte leise sein. Als ob sie
es war, die störte.

Ich suchte Mama in der Menge, konnte sie aber
nirgendwo entdecken.

Die Basketballkörbe waren mit Birkenzweigen
und Luftballons geschmückt, und auf dem Fuß-

ballfeld wurde gerade ein großer Tisch fürs Kuchenbüffet aufgebaut.

Die Lehrer strahlten und fieberten den Ferien entgegen.

In den Körben im Flur lagen unsere Wechselklamotten und warteten darauf, nach Hause mitzukommen.

Die Ameisen am Baum achteten nicht auf uns und wuselten nur herum.

Dann entdeckte ich Mama. Sie stand am Tor, als wären ihr unsere schönen Sommerlieder völlig egal.

Ich hörte auf zu singen und sah, wie vor der Schule ein Taxi hielt.

Wollte Mama etwa verschwinden?

Mitten in der strahlenden Sonne wurde mir eiskalt. Wollte sie wirklich von der Letzter-Schultag-Feier abhauen? Mich mit Hedvig und Issa allein zurücklassen?

Mama ging durchs Tor zum Taxi und öffnete die Tür.

Aber sie stieg nicht ein.

Dafür stieg jemand aus.

Oh, er sah so fein aus! Mit weißem Hemd und

blauem Jackett. Die Schuhe waren so blank poliert, dass die Hundehort-Hunde, die in dem Moment vorbeiliefen, sich darin hätten spiegeln können.

Ich sah, wie er sich umdrehte und auf das Maklerschild starrte, das immer noch aus dem Gras aufragte. Er hatte einen Gehstock dabei, und damit schlug er gegen das Schild, bis es umfiel.

Ich sah, wie Mama ihn am Arm fasste und über den Schulhof führte. Wie sie sich einen Weg durch die selig lächelnden Eltern bahnten und sich in die vorderste Reihe stellten. Wie sie dastanden und mitlächelten. Aus Papas Brusttasche lugte ein Fliederzweig heraus.

Ich hatte ihn noch nie so fein gesehen.

Meinen Papa.

„Ich bin ausgerissen, so ein Spektakel darf man sich doch nicht entgehen lassen", sagte er später, als wir fertig gesungen hatten und

ich zu ihm gelaufen war. „Es gibt schließlich Wichtigeres im Leben als Ärzte und Krankheiten."

Er strahlte. Seine Wangen waren eingesunken, und von seinem wuscheligen Haar war nichts zu sehen. Stattdessen trug er eine karierte Schirmmütze und stützte sich auf den Gehstock.

Er sah alt aus. Bestimmt hielten die Leute ihn für meinen Opa.

Als ich ihm um den Hals fiel, schrie Mama auf.

„Vorsicht, Gurke!"

Aber Papa lachte nur.

Andere Eltern kamen zu uns und wollten wissen, wie es Papa ging. Aber er gab nur einsilbige Antworten.

„Gut", sagte er, oder: „Jetzt geht's mir ausgezeichnet."

Wir seilten uns ab und setzten uns mit Hedvig und Issa in die Ecke oben beim Baum, aßen Kuchen und tranken Saft, und es war, als ob etwas von uns abfiel.

Jetzt war alles gut.

Die Vögel sangen, und Mamas Handy klingelte nicht ein einziges Mal.

Später saßen wir dann bei uns im Hof. Hedvig war auch mitgekommen, und Issa zündete den Grill an.

Zwischendurch musste Papa hoch in die Wohnung, um sich auszuruhen.

Als er zurückkam, war sein Hemd knittrig, aber das machte nichts.

Den ganzen Abend saßen wir draußen.

Hedvig und ich kontrollierten unsere Geheimgänge, aber manchmal musste ich zu den Erwachsenen und ein bisschen neben Papa sitzen.

Auch als es langsam frisch wurde, blieben wir noch im Hof.

Mama holte Decken, und Issa grillte weiter.

Alle mampften Würstchen.

Es war schon fast dunkel, als Papa meinte, er müsse langsam zurück. Als auf dem Parkplatz das

Taxi hupte, stützte er sich auf den Gehstock und rappelte sich auf.

Da kamen mir die Tränen.

Ich kann mich nicht so genau erinnern, wann ich mit dem Weinen aufhörte, aber am nächsten Morgen wachte ich in meinem Bett auf, es war Samstag, und wir hatten ein riesiges Frühstück.

Mama fluchte über etwas im Radio.

Bestimmt über irgendeine Katastrophe.

So lief es jetzt.

Und es waren Sommerferien.

Im Hof lagen die Mamas und Papas da wie aus-
gekippt. Die Kinder rannten um sie herum.

Jetzt in den Ferien war fast nie Montagmorgen-
hektik, aber mir fiel es immer schwerer, rauszugehen.

Über dem Hof schwirrten die Mauersegler, aber
es war niemand da, dem ich davon erzählen konnte. Am liebsten hätte ich mit Papa auf der Brücke
gelegen und mir von ihm vorlesen lassen, was sie
in den Himmel schrieben.

Im Sommer brennt die Sonne in den Augen und
auf der Haut. Viele laufen zum Planschbecken
im Park und legen sich ins kühle Nass. Aber die
Kleinsten machen dort immer rein, und die Hunde
trinken von dem Wasser.

Ich ging nicht raus.

Ich blieb drinnen. Saß in meinem Fenster und

schaute vor mich hin. Lauschte der Stille, weil da niemand war, der hustete. Eine Mama, die allein ist und Wäsche faltet, ist fast nicht zu hören.

Eine Mama, die allein ist und arbeitet, gibt es fast nicht.

Wir aßen Thunfischsalat, dabei waren die Meere fast leer gefischt.

Wir stritten deswegen.

„Lasst die Wale in Ruhe", sagte ich. Danach wurde ich total vegetarisch und total bio, aber Mama meinte, auf Dauer halte das niemand durch.

„Ist doch alles nur ein Wimpernschlag in der Geschichte des Universums", sagte ich, und den Rest des Abendessens schwiegen wir.

Nur ganz ab und zu probierte ich im Hof von den Grillwürstchen. Nicht viel, höchstens ein, zwei Stück.

Manchmal schlich ich mich raus und versuchte, mit den anderen zu spielen. Aber nach und nach verschwanden sie alle an irgendeinen Strand, ins Eiscafé oder auf eine exotische Insel.

Im Sommer sollte man ins Sommerhaus oder in den Süden fahren. Man sollte das Auto mit aufblasbaren Krokodilen und Brettspielen beladen. Man sollte in die Reit- oder Schwimmschule gehen und mit dem Wohnwagen zu Verwandten nach Örns-köldsvik fahren. Man sollte abends zum Badesteg in der Bucht radeln und dort Erdbeeren mit Milch und Zucker essen. Man sollte Barsche angeln und sich mit dem Angelhaken in einem Baum ver-fangen. Man sollte sich die Knie aufschlagen und abends aufbleiben, solange man will. Man sollte ABENTEUER erleben.

Aber wir unternahmen nichts.

In den ersten Wochen musste ich in die Ferienbe-treuung, weil Mama mit ihrer DOKTORARBEIT zu tun hatte – es ging nicht anders, sagte sie.

Außer mir waren da nur Omid und Sofia aus meiner Klasse. Und ein paar andere, die ich kaum kannte. Meistens blieb ich für mich, weil Janne im Urlaub war. Mein Universum bestand mittlerwei-le aus zehn aneinandergeklebten Blättern, obwohl darauf bis jetzt nur unser eigenes Sonnensystem abgebildet war.

Omid wusste nicht mal, dass die Sonne ein ge-wöhnlicher Stern ist.

Er gab schon wieder an mit seiner Reise nach Örkelljunga und erzählte, wie toll es da war.

„Örkelljunga ist ein grässliches Loch", sagte ich.

Bevor Omid mich hauen konnte, schloss ich
mich auf dem Klo ein.

Mama schlug vor, wir sollten was unternehmen.

„Wir können eine Bergwanderung machen", sagte ich mürrisch.

„Ach Liebling, das geht nicht. Wegen Lasse, du
weißt doch, wie gerade alles ist."

„Aber ich will nicht, dass es so ist", sagte ich.

„Liebling", sagte sie nur. „Liebling. Das will ich
auch nicht."

Ich war kein verdammter Liebling.

Manchmal kam Papa nach Hause.

Wir lagen dann auf dem Sofa und schauten alle Naturfilme, die wir versäumt hatten.

Am Anfang schlug ich noch vor rauszugehen, irgendwas zu unternehmen, aber da rief Mama aus dem Sessel:

„Lasse muss sich schonen, er ist zu schwach."

Da schüttelte Papa den Kopf, wie um Mama zu widersprechen, aber er wirkte tatsächlich ziemlich müde.

Nicht mal den Flur räumte er auf.

Er seufzte nicht mehr, wenn er das Durcheinander sah.

Kam einfach herein, schleppte sich zum Sofa und rief mich zu sich.

Wir lasen *Mumins wundersame Inselabenteuer* aus, mit Unterbrechungen für Papas Hustenanfälle, und fingen dann mit *Herbst im Mumintal* an, dem letzten Mumin-Buch.

Wenn Papa nach Hause kam, hatte Mama meistens gekocht und Erdbeeren gekauft. An den anderen Tagen gab's weiter Bestellessen oder belegte Brote.

„Wie geht's euch eigentlich?", fragte Papa bei einem seiner Besuche und schielte dabei rüber zu den Pizzakartons auf der Küchenzeile.

„Wie, was meinst du?", fragte Mama. „Gut natürlich."

„Ich dachte nur. Weil, du hast doch so viel um die Ohren mit deiner DOKTORARBEIT, und du, Gurke, hast doch Sommerferien … ich meine, was esst ihr so … ich hab mich das nur gefragt."

Da ließ Mama ihren Papierstoß fallen und schob sich die Brille von der Stirn auf die Nase.

Sie starrte ihn an.

„Moment mal. Worauf willst du hinaus?"

„Ich dachte nur –", fing Papa an, aber Mama fiel ihm ins Wort.

„Ich sag doch, uns geht's gut. Stimmt doch, Gurke? Uns geht's gut?"

Da schrie ich und wusste selbst nicht, wo die Worte herkamen.

„Ich will nicht, dass es so ist. Ich will nicht ... Ich will keine Pizza mehr. Ich hasse Essen aus Kartons. Ich will Sommerferien haben. Ich will eine Bergwanderung machen."

„Aber Gurke ...", seufzte Papa.

Und Mama sagte aus dem Sessel zu Papa: „Warum musstest du davon anfangen ..."

Das Letzte, was ich sah, bevor ich die Tür zu meinem Zimmer zuschmiss, war Papa. Er versuchte, vom Sofa aufzustehen, und rief nach mir, aber dann bekam er einen Hustenanfall und sank zurück, und Mama sagte:

„Nicht das auch noch. Scheiiiiße."

Es verging eine Weile, bis es an der Tür klopfte. Ich hatte das Licht ausgemacht und lag einfach nur auf dem Bett. Ich hatte darauf gewartet, dass sie kommen würden.

Jetzt standen sie in der Tür und schämten und entschuldigten sich.

Sie kamen zu mir und legten sich links und rechts neben mich.

Papa kitzelte meinen Nacken, so wie immer.

„Gurksla, Liebling", sagte er.

Und Mama streichelte mir über den Rücken.

Oben an der Decke klebten die Sterne und warteten auf die Nacht. Nicht mehr lange, dann würden sie über uns leuchten.

Jetzt war der Hof menschenleer. Nur manchmal kamen Taxis angefahren, und Nachbaromis stiegen aus, die beim Arzt oder auf dem Friedhof gewesen waren.

Ab und zu brummte der Rasenmäher, aber niemand war auf der Wiese, um Fußball zu spielen. Die Grills standen einsam herum.

Alle waren im Süden oder zum Wandern in den Bergen.

Aber ich saß in einem Fenster und blickte raus in die leere Hitze.

Oder ich machte Drinnensachen.

Spitzte alle Bleistifte an, bis sie scharf waren wie Pfeile. Die Späne hob ich auf, solange sie so gut rochen.

Ich riss meine Legobauten ab und sortierte die Steine nach Farbe, Form und Größe.

Ich ging in der Wohnung auf und ab.

Oder ich lag auf dem Bett und schaute hoch zu den Sternen.

Ich guckte keine Naturfilme. Höchstens andere Sachen.

Ich schrieb Papa zwei Briefe und versteckte sie im hintersten Winkel meiner Schreibtischschublade.

Ich warf die sauren Joghurts weg.

Ich saß im Fenster und sah zu, wie die Sonne langsam hinterm Krankenhaus versank. Hoffentlich waren Papas Jalousien oben, damit wir uns den Ausblick teilten, dieselben Sterne sahen und uns oben im All trafen.

Dann flüsterte ich in die Ewigkeit: „Gute Nachtsla, Papsla!"

Am Abend kam Mama zu mir rein.

Immer öfter lag ich einfach nur auf dem Bett und schaute hoch zur Sternendecke. Mein All war geschrumpft – nur noch ein einziges Zimmer und ein Fenster voll Sehnsucht.

Draußen war es hell bis tief in die Nacht, und alles ging weiter, als ob nichts passiert wäre. Menschen lebten, die Erde drehte sich Runde um Runde, das Universum wurde immer größer.

Jetzt war Mama von ihrem Sessel aufgestanden, aber die Lesebrille hatte sie immer noch in den Wuschelhaaren und den rosa Stift im Mundwinkel, wie eine Zigarette.

„Alles okay, Gurke?", fragte sie.

Sie setzte sich auf die Bettkante und streichelte über mein Bein.

„Langweilig", sagte ich und starrte trotzdem nur an die Decke.

„Bitte, Schatz, versuch doch wenigstens –"

„Was denn?", keifte ich.

Jetzt war es gleich so weit. Das spürte ich tief in mir drin. Papa hatte oft davon geredet, wenn wir gestritten hatten. „Unsere Kommunikation lässt zu wünschen übrig", hatte er dann immer gesagt. Und genauso fühlte es sich jetzt auch an.

„Unsere Kommunikation lässt zu wünschen übrig. Lass uns nochmal neu anfangen."

So machten Papa und ich das immer. Wir fingen einfach nochmal neu an.

„Wie bitte?", fragte Mama.

„Raus!", sagte ich.

„Wie bitte?", wiederholte sie.

Und ich wieder: „Raus." Apropos Kommunikation …

Da verstand Mama endlich, ging raus, kehrte erst nach einer Weile zurück und klopfte sogar an, bevor sie reinkam. Die Lesebrille hatte sie inzwischen weggelegt und den Stift auch. Stattdessen hielt sie eine Teetasse in der Hand.

Sie machte ein ernstes Gesicht.

„Gurke."

„Ja."

„Es ist so", fing sie an. Und dann kam es einfach: „Lasse geht es nicht so gut, das weißt du ja. Und vorhin hab ich mit dem Arzt gesprochen. Sie wollen ihn bald operieren."

„Operieren?"

Davon hörte ich zum allerersten Mal.

„Na ja, eben operieren. Sie haben schon alle möglichen Therapien versucht, deshalb ist er die ganze Zeit im Krankenhaus. Aber jetzt sind sie zu dem Schluss gekommen, dass eine Operation der einzige Ausweg ist."

In mir drin erstarrte alles zu Eis.

Der einzige Ausweg?

„Der einzige Ausweg?"

„Nun ja, du bist jetzt groß, Gurke. Du verstehst schon."

„Ich versteh überhaupt gar nichts."

„Ach, Gurke, wir müssen positiv denken. Wenn alles gut geht, wird er gesund und kann bald wieder nach Hause."

„Wenn alles gut geht? Du meinst, wenn er nicht stirbt?"

Über Mamas Wangen liefen ein paar kleine runde Tränen und tropften in die Teetasse. Sie sah so unsicher aus. So ängstlich. Und traurig.

„Ja", sagte sie. „Wenn er nicht stirbt."

„Okay", sagte ich nur. „Okay. Geh jetzt bitte."

Obwohl mein Herz so fest pochte, dass es wehtat. Und Mama ging nicht. Stattdessen stellte sie die

Tasse ab und kroch zu mir, drückte die Nase in meinen Nacken und seufzte tief. Dann sagte sie nochmal, dass ich groß sei. Dass ich schon verstehen würde. Und mal wieder, dass alles gut werde.

Aber das stimmte nicht.

Ich bin nicht groß.

Ich verstehe überhaupt nichts.

Ich verstehe nicht, wie ein Papa verschwinden kann.

Ich verstehe nicht, wie jemand, den es immer gegeben hat, plötzlich weg sein soll.

Ich verstehe nicht, wie dieser Planet nur ein Wimpernschlag in der Geschichte des Universums sein kann.

Ich verstehe nicht, wie Papas ihre Kinder verlassen können.

Ich verstehe nicht, wer bestimmt.

Ich verstehe nicht, wie ein toter Stern leuchtet.

Irgendwann war ich wohl eingeschlafen. Denn plötzlich wurde ich davon wach, dass Mama laut schrie.

„Verdammtnochmal", schrie sie, und als ich mich auf die Seite drehte, stand sie vorm Bett und starrte auf eine Pfütze aus kaltem Tee auf dem Boden. Wahrscheinlich hatte sie vergessen, dass sie die Tasse dort unten abgestellt hatte, und sie beim Aufstehen umgestoßen. Draußen war es dunkel, und an der Decke leuchteten die Sterne. Offenbar hatten wir ziemlich lange geschlafen. Es war mitten in der Nacht.

Bei ein paar Sternen lösten sich die Zacken von der Tapete. Ich musste Papa unbedingt bitten, sie wieder festzukleben.

Das durfte ich auf keinen Fall vergessen.

Während Mama auf dem Boden kniete und

sich Tränen aus dem Gesicht und Tee vom Boden
wischte, schlief ich wieder ein.

Vielleicht träumte ich von Papa.

Ganz bestimmt träumte ich von Papa.

Stirbt ein Mensch, gibt es ihn nicht mehr.

Sein Leben ist vorbei, er hört auf zu leben.

Er hat erst gelebt, aber jetzt nicht mehr. Er wird nie wieder leben. Ist ein Mensch tot, schlägt sein Herz nicht mehr und pumpt kein Blut mehr durch die Adern. Wenn man tot ist, muss man nicht mehr zur Schule und auch nicht zum Zahnarzt. Man braucht nichts mehr essen und sich nicht mehr über das Wetter ärgern. Kann man auch gar nicht. Man kann auch keinen Urlaub mehr im Süden machen und dort Tintenfisch essen. Man kann weder sehen noch hören.

Man weiß nichts mehr. Weil man nur noch ein Häufchen aus Asche und einer Handvoll Erinnerungen ist.

Sonst ist alles wie immer.

Da ist nur ein Mensch weniger. Dafür kommen

neue Menschen, und die Erinnerungen an den Verstorbenen verblassen.

Es gibt eine Beerdigung. Man gräbt ein Loch in die Erde, an einer Stelle, wo die Sonne scheint und keine Hunde hinpieseln. Wer eine Mütze trägt, nimmt sie ab, und dann senkt man den Kopf ein bisschen und singt schöne Lieder. Danach sieht man sich nie wieder.

Irgendwann sterben alle Lebewesen.

In Dalarna steht eine zehntausend Jahre alte Fichte. Die älteste Fichte der Welt. Auch sie wird sterben. Alles, was lebt, tut das.

Irgendwann geht die Welt unter. Sterne erlöschen andauernd.

Aber es muss nicht jetzt in diesem Moment sein.

Es muss nicht mal bald sein.

Es darf nicht bald sein.

Es darf auf keinen Fall Papa sein.

Den ganzen nächsten Morgen waren wir bei ihm. Wir saßen an seinem Bett und überlegten, was wir alles machen würden, sobald er wieder gesund war. Papa wollte mit mir auf dem Sofa liegen und Naturfilme gucken. Und im Wald Pilze sammeln.

„Ich kaufe uns ein Buch, Gurke", versprach er. „Damit wir wissen, welche wir mitnehmen können. Wir werden mit randvollen Körben nach Hause kommen, die Pilze trocknen, einfrieren und den ganzen Winter davon essen."

Außerdem wollte er Lego bauen. Und das letzte Mumin-Buch zu Ende lesen.

„Willst du denn gar

keine Staubsauger mehr verkaufen?", fragte ich.

„Diese neuen Superstaubsauger?"

„Nein, Gurke", sagte er. „Ehrlich gesagt will ich sonst gar nichts mehr machen. Höchstens angeln. Und vielleicht Tomaten ziehen."

Mama verdrehte die Augen.

Sie wollte mal wieder nach Paris, erzählte sie dann. Dort könnten wir im Straßencafé sitzen oder uns im Museum Statuen anschauen.

Klang so mittel, fanden Papa und ich.

„Wir könnten ja Urlaub im Süden machen", schlug ich vor.

Da lächelten Mama und Papa.

Dann sagte ich, dass ich mir eigentlich nur wünschte, dass Papa die losen Sterne in meinem Zimmer wieder festklebte.

Das würde er ganz bestimmt tun, antwortete er.

„Versprochen?", fragte ich.

„Versprochen!", sagte er und reckte den Daumen hoch. Danach gingen Mama und ich etwas essen.

Ich durfte aussuchen.

Ich wollte Falafel.

Als wir zu Papa zurückgingen, wimmelte es in seinem Zimmer von weiß gekleideten Menschen. Sie drängten sich um sein Bett, maßen Fieber, wuschen, spritzten. Sie schwebten herum wie Gespenster.

Ich sah Plastikhandschuhe, Mundschutzmasken, Spritzen, Schläuche. Als sie Mama und mich bemerkten, erstarrten sie, und das Stimmengewirr verstummte.

Einer von ihnen, dieser Jannis, nahm Mama an der Hand und bat sie mitzukommen. Bestimmt wollte er mit ihr über die Operation sprechen.

Auch die anderen Gespenster verschwanden, und dann waren Papa und ich allein.

Ich setzte mich auf den Hocker neben seinem Bett. Er drehte den Kopf zur Seite und schaute zum Fenster.

Er sah über mich hinweg, und weinte das Kissen ganz nass.

„Gurke", sagte er nur und nahm meine Hand.

„Papa."

„Alles wird gut."

„Das hab ich schon öfter gehört", sagte ich.

Als Mama zurückkam, saßen Papa und ich immer noch so da.

Wir müssten jetzt gehen, sagte sie. Sie würden Papa gleich für die Operation vorbereiten. Sie würden ihn wegrollen und ihm eine Narkose geben.

Dann würden sie ihn aufschneiden. Aber das sagte sie nicht.

Sie kämpfte mit den Tränen, und Papa versuchte zu lächeln. Ich wollte nur noch weg. Dass alles bald vorbei wäre. Plötzlich schien die Sonne durchs Fenster herein – die Wolkendecke war ein Stück aufgerissen, und Mama und Papa stießen gleichzeitig einen Seufzer aus. Als ob der Sonnenstrahl etwas bedeutete.

Danach nahmen wir Papa in den Arm, was gar nicht so leicht war. Ihm fehlte die Kraft, sich aufzusetzen, und immer war irgendwas im Weg.

Dann, als wir gerade die Tür aufgemacht hatten, hörten wir ihn aus dem Bett. Seine Stimme klang wie ein Zischen:

„Ich werde euch immer lieben."

Da ging Mama hastig aus dem Zimmer und den Flur hinunter. Ich rannte ihr hinterher und sah nur ihre flatternde Bluse und die fliegenden Haare. Ihre Schuhe klackerten über den Boden.

In der Eingangshalle war ein kleines Café. An den Tischen saßen Menschen in Rollstühlen und mit Infusionsständern. Und dazwischen Mama und ich mit unserem Kuchen. Ich bekam nur mein halbes Stück herunter. Mama starrte die ganze Zeit aus dem Fenster, obwohl dahinter nichts zu sehen war. Nur eine grau surrende Lüftung. Als wir gingen, steckte ich die Hände in die Hosentaschen. Und strich mit dem Daumen über den Weltraumstein.

Am Nachmittag versuchten Mama und ich, uns irgendwie zu beschäftigen. Wir gingen zu den Tieren, aber die standen nur gelangweilt rum, kauten und glotzten. Danach gingen wir zur Eisdiele am großen Platz, aber das Lakritzeis war aus, und Mama meinte, sie bekomme sowieso nichts runter. Ständig warf sie einen Blick auf ihr Handy.

Wir gingen weiter zum See und stellten uns ans Ufer, aber es gab nichts Spannendes zu sehen. Nur den grauen Krankenhausklotz auf der anderen Seite. Die Ritterburg. Wir wollten wissen, was dort drinnen passierte. Ab und zu sagte Mama, alles würde gut. Mehr nicht.

„Alles wird gut."

Ich spürte ein ungutes Kribbeln im Bauch und in der Brust. Wie Nadelstiche, und am liebsten wollte ich laut schreien. Oder mich ganz klein machen und verschwinden.

Ich wollte Hedvig anrufen und fragen, ob sie einen Barsch geangelt hatte, aber Mama meinte, wir dürften das Handy gerade nicht benutzen. Das Krankenhaus könnte anrufen. Alle naselang schaute sie nach. Wir gingen in die Bibliothek, denn irgendwo mussten wir ja sein, aber Mama wurde so schwindelig zwischen den Büchern, dass sie sich auf eins der Sofas legen musste. Ich zog ihr die Schuhe aus, damit sie nichts schmutzig machte. Ich schämte mich. Weil Mama in der Kinderecke lag. Und weil auf großen Schildern geschrieben stand: *Bitte Schuhe ausziehen.* Aber die sah sie wohl nicht. Ich holte ihr ein Glas Wasser, und dann kam eine Bibliothekarin und fragte, ob alles in Ordnung sei.

„Alles wird gut", sagte Mama. Mehr nicht. „Alles wird gut."

Die Bibliothekarin wirkte misstrauisch. Als sie sagte, sie würde ein Taxi rufen, wurde Mama wütend.

„Alles wird gut, habe ich gesagt!", schrie sie.

Überall hingen große Schilder, auf denen geschrieben stand: *Bitte leise sein.* Aber auch die sah Mama nicht. Die Bibliothekarin machte ein besorgtes Gesicht, zog sich zurück und tuschelte mit einer Kollegin. Ich sah, wie sie zu uns rüberschielten. Da zog ich Mama vom Sofa, und wir machten uns aus dem Staub.

Kaum waren wir draußen auf dem großen Platz, hörte ich, wie uns jemand rief. Ich drehte mich um – die Bibliothekarin lief auf uns zu. Sie winkte und rief und hielt Mamas Schuhe in der Hand. Mama und ich sahen zu Boden. Mamas Füße waren nackt und schmutzig. Da mussten wir fast ein bisschen lächeln.

Ich sagte, wir sollten vielleicht nach Hause, und Mama nickte.

Ich bedankte mich für sie bei der Bibliothekarin, die immer noch besorgt aussah.

„Alles in Ordnung", sagte ich.

Zu Hause saßen wir auf dem Sofa. Es gab belegte Brote. Ich aß vier mit Erdnussbutter. Mama kein einziges.

Vor ihr auf dem Tisch lag das Telefon. Regelmäßig

kontrollierte sie, ob es auch wirklich nicht auf laut-
los gestellt war und auch wirklich Empfang hatte.
Dabei hat man zu Hause doch immer Empfang.

Irgendwann ging ich in mein Zimmer, legte mich
aufs Bett und fischte den Weltraumstein aus der
Tasche. Dann lag ich da und hielt ihn fest in der
Hand.

Als ich die Augen schloss, sah ich Himmel, Sterne, Galaxien, Sonnen. Schwarze Löcher und Dunkle Materie. Den Urknall. Schläuche. Skalpelle. Und
Gesichtsmasken. Blut. Eingesunkene Papawangen,
leere Augen.

Ich war kurz davor einzuschlafen, als Mamas
Handy klingelte.

Jetzt, danach

Jetzt sitzen wir hier.

Den ganzen Tag scheint die Sonne und ist warm.

Die Luft riecht hier anders, nach Salz und ein bisschen modrig.

Die Mauersegler schreiben uns Nachrichten in den strahlend blauen Himmel – ja, hier sind sie auch. Papa liest die unsichtbare Schrift laut vor.

Mama glaubt, sie könnte Italienisch, dabei kann sie nicht mal erklären, was auf den Straßenschildern steht.

Briefmarke heißt francobollo.

Ich hab Oma eine Karte geschickt, nach Sveg, Svezia.

Papa vergisst jedes Mal, sich mit Sonnenmilch einzucremen, auf seiner Nase pellt sich schon die Haut.

Mama trägt einen Sonnenhut, eine Sonnenbrille und ein Tuch über den Schultern. Ich habe meine NASA-Cap auf.

Tagsüber schwimmen wir vor allem im Meer. Einmal versuchen Papa und ich, zu schnorcheln. Das ist fast, als würden wir schwerelos durchs All treiben. Unter der Oberfläche funkelt das Wasser wie Sterne, und ich stelle mir das Meer unendlich vor. Um mich herum wiegen sich Algen, und die Fische wirken fast genauso planlos wie die Ameisen unterm Schulbaum. Ich schwebe in der Ewigkeit.

Dann sehe ich, wie Papa sich über mir abstrampelt. Er schreit und planscht und ist ganz aufgeregt. Offenbar ist er auf einen Seeigel getreten und schreit nach Hilfe.

Der große Abenteurer …

Am Ufer zupft Mama ihm die Stacheln aus dem

Fuß, und Papa behauptet, sie seien hochgiftig. Er ist kreidebleich im Gesicht, und Mama schimpft ihn aus.

„Fall mir jetzt bloß nicht ihn Ohnmacht", schreit sie fast. „Seeigel sind total ungefährlich. Stell dich nicht so an, du machst den Leuten ja Angst."

Den Rest des Tages schmollt Papa unterm Sonnenschirm, und ich muss ohne ihn schnorcheln. Als wir schließlich aufbrechen, humpelt er. Aber ich sehe genau, dass er nur so tut.

Kurz bevor wir in den Urlaub gefahren sind, hat Mama die DOKTORARBEIT abgegeben, und trotzdem sitzt sie meistens unterm Sonnenschirm und unterstreicht Sätze. Papa und ich fragen nicht, warum. Wir wollen es gar nicht wissen.

Abends halten Mama und Papa Händchen, wenn wir auf der Suche nach einem hübschen Restaurant mal wieder viel zu lange herumspazieren – die beiden haben so hohe Ansprüche. Oft zanken sie deswegen. Papa zeigt dann auf mich und sagt, ich sei schon unterzuckert, wir sollten uns sofort in das nächste Restaurant setzen. Dabei geht es mir gut – es ist Papa, der zittert und jammert.

Bevor wir uns für ein Restaurant entscheiden können, muss jede Menge stimmen. Die Speisekarte darf nicht auf Englisch oder Deutsch und erst recht nicht auf Schwedisch sein. Ich mag Restaurants, die auf der Karte Bilder von allen Gerichten haben, aber dort ist das Essen anscheinend ungenießbar. Na ja, Tintenfischringe sehen eh überall gleich aus. Calamari.

Außerdem muss man offenbar Restaurants meiden, wo jemand Akkordeon spielt oder Rosen verkauft. Oder wo jemand vorm Eingang steht und mit einem reden will. „Kommt gar nicht in die Tüte", sagt Mama. Aber Papa lächelt, sobald er einen Akkordeonspieler sieht, und ich merke, dass er am liebsten mit dem Fuß den Takt klopfen würde. Einmal kommt ein Rosenverkäufer, obwohl wir angeblich das italienischste Restaurant der ganzen Stadt entdeckt haben, wie Papa sagt. Er kauft eine Rose für Mama und eine für mich. Mama bekommt rote Wangen und tut so, als wäre sie böse. „War das wirklich nötig?", fragt sie. Als wir ins Hotel zurückkommen, habe nur noch ich meine Rose. Mama sagt, sie hätte ihre wohl vergessen.

„Es gibt Wichtigeres auf der Welt als Rosen."

Meine steckt in einem Glas auf dem Hocker neben meinem Bett.

Abends sitzen wir auf dem Balkon und hören das Meer rauschen, Grillen zirpen und das Hupen von Motorrädern.

Dann reden wir über alles Mögliche.

Über Toaster, Riesennebel, Tiefseefische …

„Wusstest du, dass der Marianengraben über elftausend Meter tief ist?", frage ich Papa. „Das ist die tiefste Tiefe auf der Welt."

Papa hustet.

„Ach, das kommt von den Abgasen", sagt er. „Ein bisschen Asthma darf man ruhig haben."

Und dann: „Du, Gurke, diese Bergwanderung … tut mir leid, dass nichts daraus geworden ist."

„Ach", sage ich. „Nicht so schlimm."

„Wir holen die Wanderung nächstes Jahr nach, ja?"

Ich nicke nur. Keine Ahnung, warum ich fast weinen muss. Ich drehe mich weg, schaue aufs Meer. Nehme ein paar Erdnüsse aus der Schale und trinke einen Schluck Cola. Meine Augen brennen. Meine Haut juckt vom Salz.

Dann schaue ich zu Papa, auf seinen Wangen glitzern auch ein paar Tränen. Sonst sieht er fast ganz normal aus, seine Haare stehen wieder in alle Richtungen ab, auch wenn sie grau nachgewachsen sind.

Die Ärzte sagen, er ist jetzt wieder gesund. Trotzdem muss er manchmal ins Krankenhaus, zur Kontrolle.

Wenn wir zu Hause sind, fängt er wieder an zu arbeiten.

Er hat versprochen, dass er nach der Schule wieder auf mich wartet, wie immer.

Dann werden wir zum großen Platz gehen und Eis essen.

Zu Hause im Flur stehen die Schuhe wieder an ihren Plätzen, und der Boden ist gesaugt und blitzblank. Im Kühlschrank ist jede Menge vegetarisches Bio-Essen, und abends schauen wir uns Naturfilme im Fernsehen an. In der Abstellkammer gibt's Klopapier, und der Badezimmerspiegel funkelt wie die Sonne.

Alles ist wie immer.

Über meinem Bett kleben immer noch die Sterne.

Die losen Zacken haben frischen Kleber bekommen.

Alles ist, wie es sein soll.

Jetzt darf die Welt untergehen.

Kroon, Oskar:
Gurke und die Unendlichkeit
978 3 522 18628 5

Aus dem Schwedischen von Stefan Pluschkat
Einband- und Innenillustrationen: Friederike Ablang
Einbandgestaltung und -typographie: Suse Kopp
Innentypographie und Satz: Julia Astrup
Reproduktion: DIGIZWO Kessler + Kienzle GbR
Druck und Bindung: GGP Media GmbH

AUTHENTISCH, VOLLER WÄRME UND LEICHTIGKEIT

Oliver Scherz

Sieben Tage Mo

176 Seiten · Gebunden
ISBN 978-3-522-18648-3

Mo ist Mo. Unberechenbar und unaufhaltsam. Er macht, was er will, und sagt, was ihm in den Kopf kommt. Mit ihm kann man Verrücktes erleben. Und manchmal wäre Karl gern so wie er, so sorglos, so ungehemmt. Oft aber nervt es ihn auch, sich um seinen Bruder kümmern zu müssen, der eine geistige Behinderung hat. Ständig ist er für ihn verantwortlich, gefühlte sieben Tage die Woche. Am liebsten möchte Karl sich freimachen von allem, einfach mit dem Rad durch die Gegend fahren. Oder Nida treffen, die er immer interessanter findet. Um sie zu sehen, lässt er Mo für ein paar Stunden allein. Als er nach Hause zurückkehrt, ist sein Bruder verschwunden …

Lieblingsbücher fürs Leben.
www.thienemann-esslinger.de

Eine Ode an die Kraft des Träumens

Dominique Périchon

Vielleicht ein bisschen verrückt, aber ich bin dabei!

144 Seiten · Gebunden
ISBN 978-3-522-18626-1

Marie ist vollkommen unbegabt. Alles, was sie anfängt, endet in einer Katastrophe. Doch dann taucht Isidora Santos-Dupont in ihrer Klasse auf. Die neue Schülerin wirkt wie aus einer anderen Zeit und hat einen großen Traum: Sie möchte eine Flugmaschine bauen, und dafür braucht sie Marie. Die hält es nicht für nötig, Isidora zu erklären, dass es so eine Maschine schon längst gibt und man sie Flugzeug nennt. Denn das erste Mal überhaupt bittet sie jemand um Hilfe. Voller Begeisterung stürzt Marie sich in das seltsame Projekt ihrer ersten echten Freundin.

Lieblingsbücher fürs Leben.
www.thienemann-esslinger.de

Kindgerecht und federleicht zum Thema Flucht

Edward van de Vendel
Anoush Elman

Mischka

160 Seiten · Gebunden
ISBN978-3-522-18651-3

Zu einem Haus gehört ein Haustier, findet die neunjährige Roya. Sie kann ihr Glück kaum fassen, als sie das weiße Zwergkaninchen Mischka bekommt. Schnell ist es der fröhliche Mittelpunkt der Familie und allen wird durch Mischka klar, dass sie nach ihrer Flucht aus Afghanistan nun endlich richtig angekommen und in Sicherheit sind. Doch dann reißt Mischka aus und Roya und ihre drei älteren Brüder setzen Himmel und Erde in Bewegung, um das Kaninchen wiederzufinden …

Lieblingsbücher fürs Leben.
www.thienemann-esslinger.de

Abenteuer über Mut und Freiheit

Sam Thompson

Der Junge, der mit den Wölfen spricht

208 Seiten · Gebunden
ISBN 978-3-522-18589-9

Silas wird in der Schule gemobbt, weil er nicht spricht. Eines Tages hilft er einem verletzten Wolf – und darf zum Dank eine verborgene Welt sprechender Tiere betreten, eine Welt, in der Sprache Macht bedeutet. Denn tief im Wald leben Füchse in einer unterirdischen Stadt. Sie manipulieren die Wölfe und unterdrücken sie. Silas möchte seinen Wolfsfreunden helfen, sich von den schlauen Füchsen zu befreien. Aber das geht nur, wenn es ihm gelingt, seine Stimme zu finden.

Lieblingsbücher fürs Leben.
www.thienemann-esslinger.de